essentials

essentials liefern aktuelles Wissen in konzentrierter Form. Die Essenz dessen, worauf es als „State-of-the-Art" in der gegenwärtigen Fachdiskussion oder in der Praxis ankommt. *essentials* informieren schnell, unkompliziert und verständlich

- als Einführung in ein aktuelles Thema aus Ihrem Fachgebiet
- als Einstieg in ein für Sie noch unbekanntes Themenfelda
- als Einblick, um zum Thema mitreden zu können

Die Bücher in elektronischer und gedruckter Form bringen das Fachwissen von Springerautor*innen kompakt zur Darstellung. Sie sind besonders für die Nutzung als eBook auf Tablet-PCs, eBook-Readern und Smartphones geeignet. *essentials* sind Wissensbausteine aus den Wirtschafts-, Sozial- und Geisteswissenschaften, aus Technik und Naturwissenschaften sowie aus Medizin, Psychologie und Gesundheitsberufen. Von renommierten Autor*innen aller Springer-Verlagsmarken.

Weitere Bände in der Reihe http://www.springer.com/series/13088

Thomas Spörer

Mediation durch Einzelcoaching für Paare und Familien

Thomas Spörer
Stuttgart, Deutschland

ISSN 2197-6708 ISSN 2197-6716 (electronic)
essentials
ISBN 978-3-658-33390-4 ISBN 978-3-658-33391-1 (eBook)
https://doi.org/10.1007/978-3-658-33391-1

Die Deutsche Nationalbibliothek verzeichnet diese Publikation in der Deutschen Nationalbibliografie; detaillierte bibliografische Daten sind im Internet über http://dnb.d-nb.de abrufbar.

Planung/Lektorat: Eva Brechtel-Wahl
Springer ist ein Imprint der eingetragenen Gesellschaft Springer Fachmedien Wiesbaden GmbH und ist ein Teil von Springer Nature.
Die Anschrift der Gesellschaft ist: Abraham-Lincoln-Str. 46, 65189 Wiesbaden, Germany

Was Sie in diesem *essential* finden können

- Dem oftmals vorherrschenden Wunsch nach Verständigung und Kooperation von Paaren in Scheidung, bzw. Trennung entspricht nicht zwangsläufig deren Fähigkeit und/oder Bereitschaft zu einem konstruktiven und einvernehmlichen Austausch, auch in Anwesenheit von Mediatoren
- Verfahrenstechnisch bieten sich hier Einzelgespräche an, aber nicht unbedingt als ultima ratio der Gesprächsführung, sondern als ihr zentraler Anteil.
- Einzelgespräche als Kernelement der Mediationsarbeit erweisen sich erfahrungsgemäß oftmals als praktischer und zeitgemäßer als ihr gängiges Pendant einer Dreierkonstellation. Diese kann somit zum Zielpunkt der Gesprächsführung werden anstatt als ihr Ausgangspunkt zu gelten.
- Eine derartige Verschiebung der mediatorischen Geschäftsbasis muß sich zwangsläufig für die Anbieter in einer Bereitschaft zur fachlichen Weiterbildung in Richtung Coaching sowie in der Aufnahme solcher Anteile in die Ausbildungscurricula der entsprechenden Bildungsinstitute niederschlagen.

Inhaltsverzeichnis

1 Einleitung

Die traditionelle Auffassung bezüglich einer Paar – und Familienmediation hat das Bild eines Dreiersettings zum Inhalt. Zwei Betroffenen sitzt eine Vermittlerperson gegenüber. Dies charakterisiert die äußeren Rahmenbedingungen in Deutschland seit der Einführung von Mediation ca. in den 80er Jahren des letzten Jahrhunderts.

Dieser Auffassung entspricht auch die Gestaltung der Ausbildungsgänge für die Familienmediation als festem Kern für die äußeren Abläufe dieser Dienstleistung. Auf dieses Setting hin sind die Mediationssitzungen ausgerichtet, wenn es darum geht, für die Betroffenen Gemeinsamkeiten für ihre Interessen zur Überwindung ihrer Beziehungskonflikte inklusive aller damit verbundenen praktischen Lösungen im Kontext von Trennung und Scheidung aufzufinden.

Abweichungen davon stellen die Ausnahmen im gängigen Verfahren dar, wonach diese nur in Zeiten emotionaler Verwerfungen quasi als ultima ratio herangezogen werden sollten.

Eine solche Herangehensweise an die Konfliktbearbeitung als dafür notwendigem Ausgangspunkt zieht jedoch das subjektive Konflikterleben der Betroffenen nicht ausreichend in Betracht. Dieses Erleben liefert den Betroffenen das „Rohmaterial" für ihren Konflikt außer den praktischen Themen wie etwa Kinderbetreuung, Vermögensaufteilung, Unterhaltsregelungen, etc. gleichzeitig auch u. a. ihre eigenen Biografien, ethnische Herkunft, soziales Setting, subjektive Wertvorstellungen und Identität.

Hinzu kommt, dass sie nur in eher seltenen Fällen eine klare Vorstellung davon haben, wie sich ihre Zukunft nach einer Trennung, bzw. Scheidung sich genauer gestaltet.

Merkwürdigerweise erstreckt sich denn auch Mediationsarbeit (wie ihr juristisches Gegenstück) darauf, in puncto Zukunftsgestaltung auf den Zeitpunkt eines gerichtlichen Scheidungsurteils hinzuwirken. Auf das Erreichen dieser Ziellinie

T. Spörer, *Mediation durch Einzelcoaching für Paare und Familien*, essentials, https://doi.org/10.1007/978-3-658-33391-1_1

sind die Bemühungen ausgerichtet, wenn es darum geht, Gemeinsamkeiten in den Interessen für die Paare nutzbar zu machen.

Doch die Erstellung von Gemeinsamkeiten taugt nicht unbedingt als Ausgangspunkt. Sie stellt ihrerseits vielmehr selbst einen Zielpunkt in der Mediation dar.

Hierfür braucht es jedoch zunächst eine individuelle Zuwendung unter Berücksichtigung der o. g. subjektiven Merkmale der Betroffenen durch die Mediatoren.

Dies wiederum legt nahe, dass Einzelarbeit im Umgang mit den herrschenden Konflikten und den Betroffenen einen deutlich höheren Stellenwert verdient als bisher angenommen.

Hier zeichnet sich für die Paar – und Familienmediation ein Entwicklungsschritt ab, der schon länger fällig war und zu den folgenden Fragen führt:

- Was, wenn das Mediationsgeschehen coachinggestützte Einzelgespräche von der Peripherie in das Zentrum der Arbeit verlagert?
- Was, wenn ein Verständnis von Konfliktbeilegung den Aspekt einer gelungenen Zukunftsgestaltung für die einzelnen Betroffenen mit beinhaltet?
- Wie verändert, bzw. erweitert dieser Gedanke in der Folge das Selbstverständnis und die praktische Arbeit von Mediatoren?
- Und wie schlägt sich letztendlich eine solche inhaltliche Ausweitung der Mediationsarbeit im Bereich der Gestaltung von Lehr – und Ausbildungsplänen zum Thema „Paar – und Familienmediation" nieder?

Diese Überlegungen und Fragen stehen am Ausgangpunkt dieses Beitrags und stimulieren hoffentlich gleichermaßen eine verfahrenstechnische wie inhaltliche Weiterentwicklung dieser Konfliktbearbeitungsform.

2 Mediation und das Phänomen der Einzelbetreuung

Dem Aufkommen von Familienmediation während der 80er Jahre des letzten Jahrhunderts in Deutschland stand ein Grundgedanke und das Menschenbild voran, welches John Haynes, eine der „Mediationsikonen" für eine ganze Mediatorengeneration (nicht nur für die Bearbeitung von Scheidungsfällen) folgendermaßen zusammengefasst hat:

- „Jeder Mensch trägt in sich die Fähigkeit zu einer Lösungsfindung in seinen eigenen Angelegenheiten.
- Jeder Mensch hat ein subjektives Gerechtigkeitsempfinden und ist nur mit einer Lösung dauerhaft zufrieden, bei der dieses Empfinden berücksichtigt wird.
- Deshalb können erlittene/empfundene Ungerechtigkeiten nur subjektiv ausgeglichen werden"

(H. Levend: Gespräch mit John Haynes im Oktober 1990, unveröffentlichtes Manuskript. Zit. Aus: Psychologie Heute, Nov 1991).

Diese Zusammenfassung funktioniert wie ein innerer Leitfaden im Mediationsgeschehen bis zum heutigen Tag und gilt als zentraler Kontrapunkt zur juristischen Vorgehensweise, die der Schriftsteller Ivan Illich in seiner Kritik der Dienstleistungsberufe „die Entmündigung durch Experten" genannt hat (vergl Illich 1983).

Bei genauerer Betrachtung der bereits zitierten Grundgedanken von J. Haynes zur Mediation fällt ein Aspekt auf, welcher bislang offensichtlich nicht in ausreichendem Maße berücksichtigt worden ist, der sich aber auf die Handhabung von Mediation erheblich auswirken kann.

„Jeder Mensch trägt in sich die Fähigkeit zu einer Lösungsfindung in seinen Angelegenheiten" (Haynes 1990).

T. Spörer, *Mediation durch Einzelcoaching für Paare und Familien*, essentials, https://doi.org/10.1007/978-3-658-33391-1_2

Wohl wahr! Doch die Erfahrung lehrt, dass diese Fähigkeit z. T. derartig tief in den einzelnen Betroffenen verschüttet ist, dass sie selbst sich dieser Fähigkeit nicht (mehr) bewusst sind oder diese nicht zu handhaben wissen ohne externe Unterstützung. Diese Fähigkeiten für sich selbst nutzbar zu machen wird damit zum primären Anliegen der Betroffenen im Vorfeld der Einigungsgespräche. Hierfür sind jedoch Schritte zu tun, die separat vonstatten gehen müssen, da sich die Betroffenen hierfür in einer Weise innerlich öffnen sollen, die von der Gegenseite missverständlich aufgenommen werden und gesprächstaktische Aspekte u. U. zuungunsten der einzelnen betroffenen Person verschieben könnte.

Zu befürchten ist nämlich, dass einander nicht von vornherein wohlgesinnte Verhandlungspartner als Zeugen von einseitig transparent gemachten Erkenntnisprozessen und Einsichten von Betroffenen diese zu Bestandteilen ihrer eigenen Argumentationsstrategie dagegen machen.

Zudem wird deutlich, dass wenn die Fähigkeit des Menschen zur Selbstbetrachtung und Lösungsfindung in ihm existiert, diese Anteile bei ihrer Freilegung nicht von der Anwesenheit der Gegenpartei abhängig sind, wohl aber von einer fachkundigen und neutralen Unterstützerperson.

Zu fragen ist in diesem Zusammenhang, ob dann eine Verhandlungsrunde zur Lösung gemeinsamer Konflikte sich überhaupt als der angemessene Ort für eine profunde Selbstbetrachtung erweist.

Vermutlich ja – aber eben erst nach ihrem Abschluß, denn es steht zu erwarten, dass zu jedem Streitthema die Betroffenen ihre ureigenen und von der Gegenseite abweichenden Lösungsvorstellungen haben. Daraus erklärt sich ja der Bedarf an Mediatoren.

Gemäß der Fähigkeit zu einer Lösungsfindung in seinen eigenen Angelegenheiten findet demnach die Abwägung von win – win oder lose – lose – Szenarien zunächst im Inneren der einzelnen Personen statt und erst danach in Verhandlungen zwischen den Betroffenen.

Wie also kann die unterstellte und angestrebte Lösungsfindung im Inneren eines Menschen anders und effektiver als durch die individuelle (betreute) Zukunftsbetrachtung durch ihn in praktischer Hinsicht zustande kommen, damit es zwischen den Konfliktparteien im Anschluß daran überhaupt etwas zu verhandeln gibt?

Wird damit dem ursprünglichen Ansatz der Mediation für eine kooperative Verhandlung nicht eher entsprochen, wenn vorher eine Abklärung der subjektiven Beweggründe für eine Teilnahme der Betroffenen und deren Mitgestaltung des Einigungsprozesses stattfindet und diesen begleitet ohne die Anwesenheit der mit betroffenen Partei?

Es wirken drei Aspekte der menschlichen Existenz maßgeblich auf die Lösungsfähigkeit von Konflikten ein:

- Werte
- Identität
- Zukunft

Alle drei sind von ihrem Zustandekommen und ihrem Wirken nach im Binnenbereich der individuellen Psyche angesiedelt.

Sie dort aufzufinden, einzuordnen, priorisieren, verwerfen, abzuwägen, etc. fällt in den Bereich von Einzelgesprächen zwischen den jeweiligen Betroffenen und ihren Mediatoren und machen sie mithin zu einer erweiterten Aufgabenstellung im Kontinuum der Konfliktbearbeitung.

Als eine der geeignetsten Methoden hierfür hat sich das Einzelcoaching erwiesen.

Fazit:

Die empfohlene Zuwendung und Ausrichtung von Mediation an einer bedürfnisorientierten Bearbeitungsweise schafft fast zwangsläufig eine vergrößerte Dimension an Aufgaben, die in diesem Kontext zu leisten sind.

So liefert der Blick auf eine unübersichtliche und oft angstbesetzte Zukunft bei den betroffenen Konfliktparteien einen Bearbeitungsaufwand, welcher deutlich über das bislang bekannte Maß hinausreicht.

Die Wahrnehmung dieser erweiterten Aufgabe bringt ihrerseits bei der Umsetzung eine Verschiebung der Methodik mit sich, die neben der eigentlichen Mediationsarbeit zusätzlich beraterische und coachingbezogene Anteile hinzu nehmen muß.

Damit geht eine notwendige Neugewichtung von Einzel – und Paararbeit für die Mediatoren einher, die eine Reihe von Fragen aufwerfen wird, auf die das folgende Kapitel Bezug nimmt.

3 Das Einzelgespräch als Ausgangspunkt individueller Wertschöpfung und Lösungsfindung

3.1 Rückgriff auf den Grundgedanken der Mediation

Der Rückgriff auf das Menschenbild als dem Grundgedanken der Mediation im Sinne von J. Haynes macht die Fähigkeit des Individuums zu einer Lösungsfindung in den eigenen Angelegenheiten deutlich.

Diese Fähigkeit, so muß es scheinen, stellt ihrerseits ein (Zwischen-) Ergebnis seiner individuellen Biografie dar inklusive der dort gespeicherten eigenen Erfahrungen, Einschätzungen, Hoffnungen, Befürchtungen wie auch zukünftigen Aussichten.

Dieses Konglomerat von Eindrücken ist nunmehr der Ausgangspunkt für die anstehenden Mediationsverhandlungen.

Doch der Satz unterstreicht auch die Singularität der jeweiligen Angelegenheiten im Psychohaushalt der einzelnen Konfliktbetroffenen.

Im Konflikt, zu dessen Zustandekommen evt. gerade die Singularität der jeweiligen Angelegenheiten beigetragen hat, bleiben diese trotz ihrer sozialen Wirkung auf Andere dennoch individuelle Angelegenheiten, die als solche zunächst nicht sozialisierbar sind und auch nicht sein sollen.

Dies macht sie aber ihrerseits automatisch zu einem separaten Bearbeitungsfeld im Umgang mit individuellen Wertvorstellungen und deren jeweiligen Ausdrucksformen im sozialen Miteinander.

Nicht das Einigungsgespräch erscheint in dieser Phase die geeignete Plattform, sondern statt dessen ein Dialog zwischen Mediator und dem einzelnen Betroffenen. Der Schlüssel liegt somit offenbar beim Individuum und dessen Bedürfnissen. Diese hat es als Individuum auch im Zusammenwirken mit dem (einstigen) Partner.

T. Spörer, *Mediation durch Einzelcoaching für Paare und Familien*, essentials, https://doi.org/10.1007/978-3-658-33391-1_3

Die Schaffung von Einsichten und Erkenntnissen hat somit nicht erst im Dreiergespräch ihr Ziel. Sie setzt als gelungener Dialog aber eine Voraussetzung für eine partnerschaftliche Lösungsfindung im Mediationsverfahren.

Insofern kann diesem Satz von J. Haynes nicht genug Bedeutung beigemessen werden: die Fähigkeit zur Lösungsfindung tritt nicht zwingend im Dreiergespräch zutage, wo sich eher recht diametral gegenüber stehende Positionen begegnen und die Unterschiede einfach zu groß sind, sondern findet sich im Individuum.

Erst wenn sie dort in vollem Umfang (von Thema zu Thema) zutage getreten ist, steht der Einigungsprozeß zwischen den Konfliktparteien auf dem Plan. Dieser Freilegungsprozeß der individuellen Fähigkeit zur Lösungsfindung ist am besten durch den Dialog zwischen Mediator und Betroffenem zu leisten. Dies macht gerade das Individuum zum zentralen Ansprechpartner für Mediatoren trotz der virulenten Konflikte zwischen den Betroffenen.

Ihn dagegen im Rahmen eines Dreiergesprächs anstoßen zu wollen, birgt u. a. das erhebliche Risiko in sich, vom (dann nicht mitbetroffenen) Konfliktteilnehmer als Akt der Schwäche gedeutet zu werden, die es in der Folge für eigene Zwecke auszunützen gilt, da sie evt. gut in die eigene Verhandlungsstrategie integriert werden kann (und auch wird).

3.1.1 Subjektive Bedürfnisse und Einzelgespräche

Bedürfnisklärung und Bedürfnisbearbeitung erfordern die Öffnung und Zuwendung zum Einzelnen.

Hierzu drei Anmerkungen:

1. Die im Eingangsgespräch als klärungsbedürftig gesammelten Themen sind nur relativ selten gleich bedeutsam und dringend für alle Betroffenen. Sie bleiben eher die Themen des Einzelnen und bedürfen von daher auch einer individuellen Zuwendung.
   Auch eine gemeinsame Benennung der Probleme durch das Paar schafft deshalb noch keine gemeinsame Wahrnehmung des Themas durch die einzelnen Betroffenen. Zu unterschiedlich sind hierfür die subjektive Wahrnehmung des Einzelnen und seine Weltsicht.
2. Der bekannte Satz „alles, was verhandelbar ist,ist deshalb auch mediierbar“, wirft die Frage auf, welche Angelegenheiten und Themen etwa nicht mediierbar seien.

In diesem Zusammenhang eine kurze und sicherlich unvollständige Auflistung von Aspekten. Nicht verhandelbar sind demnach u. a.:

1. Gefühle (Zorn, Angst, Unsicherheit, Hoffnung, etc).
2. Religiöse Glaubensfragen
3. Politische Überzeugungen und Weltanschauungen
4. Persönliche Wertesysteme
5. Gerechtigkeitsempfinden

u. a. m.

Kein praktizierender Mediator hätte einen Zweifel daran, dass diese genannten Punkte tatsächlich nicht verhandelbar und tief im seelischen Binnenbereich eines Individuums angelegt sind.

Und kein praktizierender Mediator zweifelt daran, dass diese Aspekte auf den Verlauf und die Qualität von Verhandlungen eine entscheidende Rolle spielen können, obwohl sie im Kern als nicht verhandelbar gelten.

Verhandelbar werden u. U. die Anteile, wo sich diese genannten Aspekte von Gefühlen, Überzeugungen, usw. in konkretem Handeln ausdrücken und sich somit zu einem sozialen Aspekt verwandeln, welcher Verhandeln erst ermöglicht.

Eventuell kann die Distanz zu Gefühlen, Überzeugungen, etc, zu Handeln als Weg beschrieben werden, den der Betroffene zurückzulegen hat, damit dem Mediator die jeweilige innere Bedeutung nachvollziehbar wird, bezogen auf die einzelnen genannten Aspekte und deren psychischen Zusammenwirken.

Doch diese Erkenntnis steht nicht notwendigerweise nur für den Mediatoren, sondern speziell auch für den Betroffenen selbst bezüglich seiner unbewußten Anteile hierbei, die das innere Grundgerüst und den Motor für sein Handeln darstellen.

Dieser Weg kann als Verhandlungsvorbereitung betrachtet werden, die der Betroffene und Mediator in Form von Einzelgesprächen gemeinsam zurück legen mit dem Ziel, Verhandlungen einen tragfähigen und positiven Rahmen zu geben.

2. Auch die eingangs getroffene Zusage des Mediators an die Betroffenen, im Mediationsverfahren als autonom Handelnde und entscheidende Individuen auftreten zu können (und sollen), wird realistischerweise als entscheidender verfahrenstechnischer Fortschritt gegenüber dem herkömmlichen Gerichtsverfahren dargestellt.
   Doch genauso zutreffend ist die Erkenntnis, wonach in vielen Fällen eine so konstatierte Entscheidungsautonomie auf die Betroffenen nicht befreiend, sondern eher beängstigend wirkt.

Der Mensch erscheint eben nur in dem Maße autonom, wie ihm damit die Gestaltung der eigenen Lebenszusammenhänge gelingt und welche konkreten Kompetenzen zu einer autonomen Entscheidungsfindung er hierfür besitzt. Ein solcher Gedanke macht Autonomie nicht zum Ausgangspunkt für Verhandlungen, sondern zu einem separaten Ziel als Voraussetzung hierfür. Darauf hin zu arbeiten ist abermals nur auf individuelle Weise durch ein Einzelgespräch zu leisten. Aber dort wo ein Betroffener Autonomie und persönliche Freiheit innerlich eher als Bedrohung denn als Zugewinn von Spielräumen erlebt, ist ein konstruktiver Aushandelungsprozeß im Rahmen einer Mediation wohl kaum zu erwarten.

3.1.2 Subjektives Gerechtigkeitsempfinden und Lösungsfindung

J. Haynes'zweiter Satz konstatiert die Existenz eines subjektiven Gerechtigkeitsempfindens und leitet daraus ab, dass sich Zufriedenheit gegenüber einer Lösung nur einstellt, wenn dieses Empfinden berücksichtigt wird.

Es wird hier berechtigterweise darauf verwiesen, dass ein subjektives Gerechtigkeitsempfinden sowohl Ausgangspunkt von entstehenden Einigungsprozessen als auch deren Zielpunkt und Maßstab für das Erreichen dieses Ziels darstellt.

Gerechtigkeit kann demnach nicht konstatiert werden. Sie muß vielmehr als Werteabgleich zwischen den Betroffenen hergestellt und immer wider neu angepasst, ergänzt, oder sogar von Grund auf neu gestaltet werden (vergl. C. Funke 2017, S. 2).

Jeder Mensch hat intuitiv ein Gespür dafür, was gerecht und was ungerecht ist, ohne deshalb jedoch sofort sagen zu können, warum etwas gerecht oder ungerecht ist. Dies hängt u. U. damit zusammen, dass eine Benennung dessen, woran man sich hierbei orientiert, oft schwer fällt. Die Bandbreite umfaßt hierbei u.a. bestimmte, bzw. allgemein gültige Prinzipien, Rechtsnormen, moralische Werte, gesunde Menschenverstand, etc.

Aber selbst hinter einem Gefühl, einer Intuition oder subjektiver Vernunft sind gemeinhin bestimmte Prinzipien erkennbar. „Genau diese Eigenschaft eines jeden Gerechtigkeitsempfindens ebenso wie jeder Gerechtigkeitsvorstellung, nämlich dass es begründbar ist, macht es zu einer verhandelbaren Größe. Zu etwas, das in der Auseinandersetzung, im Austausch und Dialog, erforscht und auch verändert werden kann (C. Funke 2017, S. 2).

So überrascht es nicht, wenn z. B. Scheidungspaare enttäuscht reagieren bei der Erkenntnis, bzw. beim Hinweis des vorsitzenden Richters darauf, dass

Gerichte keineswegs die Orte zur Herstellung von Gerechtigkeit sind, sondern sich auf die Anwendung von formalem Recht beschränken.

Gerechtigkeit, so die Folgerung, existiert als solche nicht außerhalb des Menschen quasi in Form eines übergeordneten Wertesystems. Sie existiert genauso wenig als einmal ergangener Erlaß, sondern sie hat Prozeßcharakter und ist demnach auf stetige Abstimmung zwischen den Betroffenen angewiesen.

Der jeweiligen Abstimmung zwischen ihnen geht jedoch von Thema zu Thema die Notwendigkeit voraus, in Einzelgesprächen mit ihnen auf dem Weg einer Werteklärung für sie jeweils zu verdeutlichen, welche Werte aus dem Binnenbereich sich wie in die Abstimmung einfügen, bzw. ihr zugrunde gelegt werden können.

Die Befürchtung, wonach es sich speziell beim Gerechtigkeitsempfinden einer Person um ein Gut handelt, welches sehr wankelmütig ist und einer ständigen Neubewertung bedarf, ist weitgehend unnötig, wie die praktische Arbeit in der Mediation nur allzu oft belegt.

Zu befürchten ist viel eher, dass ein leichtfertiger Verzicht auf eine individuelle Abklärung dessen, was der Einzelne für sich als gerecht bewertet, in der Folge ein produktives Zustandekommen von Vereinbarungen erschwert, wenn nicht gänzlich unmöglich macht, was unter dem Einschluß einer individuellen Abklärung eine ungleich solidere Basis hat.

Daran anknüpfend verweist Haynes in seinem dritten Satz auf den Umstand, dass „erlittene / empfundene Ungerechtigkeiten nur subjektiv ausgeglichen werden."

Mit anderen Worten: jegliche Lösung kann als solche nur dann wirken, wenn sie den „Lackmustest" einer subjektiven Gerechtigkeitsprüfung heil überstanden hat.

Einzig das subjektive Gerechtigkeitsempfinden des Einzelnen setzt einen Schlusspunkt unter sämtliche Aushandelungsprozesse und Lösungsfindungen, auch wenn zuvor sämtliche inhaltlichen und verfahrenstechnischen Gesichtspunkte als geklärt gelten können.

Erst mit diesem Aspekt kann ein Konflikt als beigelegt betrachtet werden. Gerade der Konflikt braucht für seine Lösung die Einschätzung der daran Beteiligten als für sie valide und akzeptabel, solange der Weg dorthin auch sein mag. Ein Verzicht darauf, bzw. Unterbewertung dieses Aspekts sorgt lediglich für die Fortsetzung der Auseinandersetzung ggfs. in einem neuen Gewand, an einem anderen Ort und mit veränderter Besetzung.

Hierzu ist jedoch ein zusätzlicher Aspekt notwendig: alle Zukunftsträchtigkeit von Lösungen und Entscheidungen hängt bis zu einem nicht unerheblichen Teil davon ab, dass die Betroffenen jeweils einzeln ein (noch so vages) Bild ihrer Zukunft und der getroffenen Entscheidungen in ihr vor Augen haben.

3.2 Der Stellenwert von Einzelgesprächen

Aus der Darstellung im vorangegangenen Kapitel geht hervor, dass einer Anwendung von Einzelgesprächen im Rahmen eines Mediationsverfahrens ein durchaus höherer Stellenwert gebührt als dies bei der derzeitigen Anwendung der Fall ist.

Gemeinhin herrscht primär die Auffassung bei den Praktikern vor, dass Einzelgespräche innerhalb des Einigungsverfahrens nur in Ausnahmefällen und dann nur temporär eingesetzt werden sollen.

Warum? Und wo steht dies explizit geschrieben? Und welcher Nutzen ergibt sich dabei für wen bei einer derartigen Einschränkung? Ferner, welche Gründe existieren für die Marginalisierung von Einzelgesprächen in Mediationsverfahren?

3.2.1 Gängige Befürchtungen zum Einsatz von Einzelgesprächen

Einzelgespräche werden innerhalb der Mediatorengemeinde seit Anbeginn ihrer Existenz im deutschsprachigen Raum recht unterschiedlich bewertet.

Die „Fraktion der Puristen" verhält sich gegenüber eines Einsatzes dieses Tools insgesamt eher kritisch bis ablehnend.

1. Die verbreitete Befürchtung, wonach die Klienten mit dem Einsatz von Einzelgesprächen zu potenziellen Opfern von Separatabsprachen mit der jeweiligen anderen Seite zu werden drohen und sich deshalb die Mediatoren dem Verdacht einer einseitigen Parteilichkeit ausgesetzt sehen, überwiegt als Argument vor allen übrigen.
   Hier ginge evt. ein (mühsam erworbenes) Vertrauen verloren, bzw. es käme evt. gar nicht erst zustande.
   Die Gefahr von gegenseitigen Heimlichkeiten oder einseitiger Informationsverzerrungen, bzw. Unvollständigkeiten würde, so die Kritiker, durch den Gebrauch von Einzelgesprächen noch zusätzlich gefördert.

An dieser Stelle bedarf es einer Erinnerung daran, dass alle Absprachen, ob gemeinsam oder andersweitig getroffen, der jeweiligen Zustimmung durch die Gegenseite bedürfen, bevor sie als erledigt betrachtet werden können.

Auch das Thema der Vertrauensgewinnung und – Erhaltung ist kein Thema, welches erst durch die Führung von Einzelgesprächen zu einem würde. Bei vielen emotionalen Verwerfungen im Laufe von Einigungsgesprächen müssen

Mediatoren um den Verlust von Vertrauen und Glaubwürdigkeit bezüglich ihrer Amtsführung fürchten.

Hier entsteht jedoch die Chance (oder die Notwendigkeit), das Thema „Vertrauen" mit den Betroffenen so zu klären, dass diese aus ihrem eigenen inneren Wertesystem heraus Kriterien benennen, die zur Schaffung und Erhaltung von Vertrauen herangezogen werden können. Wenn diese Kriterien erst einmal eingeführt und gewürdigt sind, stellt dieser Vorgang an sich eine vertrauensbildende Maßnahme dar, die in der Folge, egal ob in Einzel – oder Paargesprächen funktionieren und als Kontrollmechanismus benützt werden kann.

2. Auch ein Mangel an notwendiger Transparenz im Austausch zwischen den Parteien wird als Risikofaktor für einen Einsatz von Einzelgesprächen benannt.

Mit der Übernahme eines Mediationsmandats geht der Mediator gegenüber den Betroffenen u. a. die Verpflichtung ein, den Fortgang der Verhandlungen in angemessener Weise zu protokollieren und Ergebnisse daraus für alle sichtbar zu machen.

Dieses Prinzip wird durch Einzelgespräche nicht ausgehebelt. Erwartbar wäre vielmehr, dass Informationen, die im Dreiersetting so nicht zugänglich gemacht worden wären, zusätzliche Einsichten liefern zur weiteren Belebung der Gespräche. Eine Protokollierung, ob mit aktiver Beihilfe aller oder mit jeweils einem Betroffenen, sorgt dafür, dass kein Gedanke verloren geht und somit Berücksichtigung findet. Damit wird des weiteren eine einseitige Darstellung verhindert und der dafür notwendige Zeitaufwand übersteigt das sonstige Maß nicht nennenswert.

3. Einzelgespräche, so ein weiterer Vorbehalt, brächten ein Mehr an Zeitaufwand und damit verbunden an Kosten mit sich, was Schließlich nicht im Interesse der Betroffenen sein könnte.

An dieser Stelle könnte sich ein Aspekt rächen, der von den Mediatoren beim Erstgespräch immer wieder ins Feld geführt wird: nämlich dass Mediation eine preiswerte Variante im Vergleich zu einer anwaltlichen Abwickelung darstelle und dies einen zusätzlichen Pluspunkt zum Bearbeitungstempo und einem Minimum an Bürokratie ausmachen würde.

Der maßgebliche Vorteil liegt sicherlich im Methodenvergleich zwischen Mediation und juristischer Bearbeitung und der konsequenten Ausrichtung an der Bedürfnislage der Betroffenen im Rahmen eines Aushandelungsverfahrens. Die Chance für sie zu einer optimalen Zukunftsgestaltung wird sich von ihrem Wert her gewiß nicht an der Anzahl der hierfür aufzuwendenden Stunden messen lassen. Auch ein Kostenvergleich zwischen den Bearbeitungssystemen fällt bestenfalls vage aus, da Juristen aus guten Gründen nur selten in der Lage sind, einen verlässlichen Kostenrahmen für eine Scheidung zu benennen. Ehrlicherweise hängen die Kosten für ein Mediationsverfahren letztendlich von zwei Faktoren ab: vom zu bearbeitenden Themenkatalog und der Einigungsbereitschaft der Betroffenen. Diese kann jedoch in Einzelgesprächen erheblich stimuliert werden, was sich evt. auch in Kosten bzw. deren Ersparnis ausdrücken läßt. Ziel ist und bleibt jedoch eine umfassende Konfliktbeilegung. Diese gelingt nach allen vorliegenden Erfahrungen mit einem Mediationsverfahren besser als durch die juristische Intervention!!

Sollte sich jedoch die Risikoeinschätzung auf der Grundlage theoretischer Überlegungen bewegen, wäre es u. U. ein Gewinn, zusammen mit den Risiken einer solchen Methode auch gleichermaßen intensiv nach Anhaltspunkten zu suchen, die in Einzelgesprächen und ihrem verstärkten Einsatz für alle Beteiligten eine ganze Reihe von z. T. gewichtigen Vorteilen erkennen lassen.

Doch merkwürdigerweise weisen die pro – und contra- Aspekte dort, wo sie tatsächlich als methodischer Vergleich herangezogen worden sind, eine deutliche Lastigkeit zuungunsten der Einzelgespräche als Option auf.

„Einzelgespräche ja – aber nur in Ausnahmefällen!" – So die gängige Aussage in vielen Schulungsseminaren. Derartige Ausnahmen, so das Argument weiter, können u. a. emotional besonders belastete Abschnitte der Einigungsgespräche sein, sowohl in thematischer Hinsicht als auch anlässlich eines hohen Maßes an Bereitschaft zur Eskalation seitens der Beteiligten.

Diese Szenarien sollen jedoch die Ausnahme von ansonsten kooperativ verlaufenden Verhandlungen sein unter der Betreuung der Mediatoren. Zentrale Aufgabe soll der direkte Austausch der Betroffenen bleiben und ein Zugewinn an Gemeinsamkeiten und Einsichten soll seinen Ursprung in diesem Szenario haben.

3.3 Fragen und Antworten zum Thema „Einzelgespräche"

Um dem Phänomen „Einzelgespräche" in der Mediation und seinem Stellenwert dort besser gerecht werden zu können, sollen die folgenden Fragen in das Zentrum dieses Kapitels gestellt werden. Sie teilen sich auf in insgesamt drei Abschnitte, die das Kontinuum der Mediationsarbeit generell umfassen.

Abschnitt 1:

- Wie verlaufen Orientierungssitzungen generell von der Angebotsseite her unter dem expliziten Einschluß von Einzelgesprächen?

- Wie wird die Möglichkeit von Einzelgesprächen in die Anfangsberatung der Betroffenen integriert?
- Welche konkreten Vorteile/Nutzanteile von Einzelgesprächen werden in der Orientierungssitzung benannt, bzw. benennbar?
- Wie können diese Vorteile am wirkungsvollsten in den anstehenden Einigungsprozeß eingeführt werden?

Abschnitt 2:

- Welche (erweiterte) Geschäftsgrundlage zum Einsatz von Einzelgesprächen wird für das Mediationsverfahren insgesamt notwendig?
- Wie wirken sich Einzelgespräche auf die Bearbeitung einer erweiterten Zukunftsgestaltung für die Betroffenen aus?
- Wie verändert sich die Themenwahl durch die Betroffenen in der Mediation bei einer Hinzunahme von Einzelgesprächen?

Abschnitt 3:

- Wie können Einzelgespräche die Betroffenen nach dem Abschluß des Mediationsverfahrens unterstützen?
- Welche betreuerische Kontinuität erwächst aus Einzelgesprächen?
- Wie können Einzelgespräche als Bestandssicherung von getroffenen Vereinbarungen und Gemeinsamkeiten herangezogen werden?

3.3.1 Zu Abschnitt 1

A) Wie verlaufen Gespräche in der Orientierungssitzung von der Angebotsseite her unter dem expliziten Einschluß von Einzelgesprächen?
Wenn (im Idealfall) ein Paar zum ersten Mal einen Mediator aufsucht, trifft es dort ein bestimmtes Setting an. Dieses Setting unterstellt es als normal und gängig, weil ihm i. d. R. keine Vergleichsmaßstäbe zu anderen Einrichtungen gegeben sind.
Verfahrenstechnische Abänderungen, bzw. Angebotserweiterungen erfolgen, wenn überhaupt, dann auf Vorschlag des Mediatoren wie etwa den Ersatz eines männlichen durch eine weibliche Mediatorin, die mögliche Verlegung des Ortes, einen bestimmten Zeitrahmen, etc.
Die Interessenten nehmen im Orientierungsgespräch neben den gängigen Hinweisen bezüglich des angebotenen Verfahrens automatisch auch den sozialen

Kontext in sich auf, den sie vor Ort antreffen und auf den sie sich einlassen (oder nicht).

Maßgeblich sind hier zwei Aspekte:

1. Der Umfang des Dienstleistungsangebots
2. Die Plausibilität des Angebots bezüglich Ablauf sowie der erwartbaren Resultate.

So existieren in der Bundesrepublik eine ganze Reihe von Mediationsangeboten auf der Grundlage von Arbeit in Zweierteams (Teamarbeit als Geschäftsgrundlage).

Den Anbietern fällt die Erläuterung dieses Settings leicht, da sie mit der Präsentation von Teammediation automatisch auch deren Nutzen für die Betroffenen erläutern können.

Auch eine Wahlmöglichkeit zwischen weiblichen und männlichen Betreuenden wurde nach Kenntnis des Verfassers von den Betroffenen durchweg als potenzieller Zugewinn im Rahmen des Angebots verbucht, wohl weil ihnen diese Möglichkeit als erweiterter Spielraum zur Befriedigung ihrer individuellen Bedürfnisse erschienen ist.

Wenn nunmehr im Rahmen einer Orientierungssitzung der konsistente Einsatz von Einzelgesprächen dargestellt wird als Vehikel zur gemeinsamen Lösungsfindung, so werden ihn die Betroffenen der gleichen Plausibilitätsprüfung unterziehen wie jedes andere Arbeitsmodell.

Am Ende steht die Frage danach, ob im Mediationsgeschehen die „Einzelgespräche als Geschäftsprinzip" den Betroffenen als ein Zugewinn erscheinen, oder ob sie lieber auf traditionelle Bearbeitungsformen, oder gar einem Mix aus beidem zurückgreifen wollen.

B) Wie wird die Möglichkeit von Einzelgesprächen in die Anfangsberatung der Betroffenen integriert?

Ein denkbarer Schritt könnte darin bestehen, Einzelgesprächen im Rahmen von Mediationsarbeit den Charakter einer Ausnahme von ansonsten vorherrschenden Paargesprächen zu nehmen.

Hierzu reicht zur Verdeutlichung etwa der Hinweis darauf, dass Einzelgespräche eine lange Tradition haben sowohl im allgemeinen Beratungsgeschehen als auch beim Coaching und dort letztendlich die dominante Form der Gesprächsführung darstellen. Selbst eine Reihe von Paarberatungsmodellen greift regelmäßig auf Einzelgespräche als Erkenntniszugewinn zurück.

Auch juristisches Handeln folgt diesem Gesprächsprinzip. Dort geht der Austausch in Form von Einzelgesprächen so weit, dass z. B. bei Scheidungsfällen

eine Mandatserteilung durch eine Partei für den Anwalt damit automatisch die Gegenpartei von einer Teilnahme an Gesprächen bezüglich ihrer Scheidung ausschließt, auch wenn ein direkter Austausch zwischen allen Betroffenen noch so sinnvoll erscheinen mag.
Hier sind Einzelgespräche gleichsam Ausdruck einer so gewollten und angelegten konfrontativen Grundhaltung zwischen den Parteien und ihren Vertretern.
In der Paarberatung folgt eine Gesprächsgewichtung zwischen Einzel – und Paargesprächen dem Prinzip der adäquaten Erfassung von jeweiligen subjektiven emotionalen Bedürfnissen. Beobachtbar ist dabei, dass Paare sich häufig über andere Themen austauschen als das die einzelnen Betroffenen mit ihren Ansprechpartnern tun.
Dies vor dem Hintergrund einer deutlich unterscheidbaren Wahrnehmungsdifferenz zwischen männlichen und weiblichen Blickwinkeln bezogen auf das gleiche Thema.
Und nicht zuletzt kennt Mediation selbst das Einzelgespräch als vorherrschende Form. So etwa bei der Aushandelung bedeutender Vereinbarungen wie Friedensabkommen oder anderer Vertragsinhalte im politischen Kontext. Dort herrscht die Methode der „Shuttle Diplomacy" bei welcher ein Unterhändler zwischen den Gesprächsparteien entsprechende Vorlagen oder Vorschläge transportiert, unterbreitet und ausarbeitet. Den Abschluß bilden dann die medienträchtigen Ratifizierungszeremonielle zwischen Persönlichkeiten, selbst wenn diese nicht selbst am vorangegangenen Einigungsprozeß teilgenommen hatten.
Summarisch gelingt die Einführung von Einzelgesprächen in das Gesprächsformat optimal durch ihre „Normalisierung" gegenüber den Betroffenen als Teil des Gesamtgeschehens oder als Geschäftsbasis.

C) Welche konkreten Vorteile und Nutzanteile von Einzelgesprächen werden in einer Orientierungssitzung benannt, bzw. benennbar?

Eine tabellarische Auflistung der Vorteile von Einzelgesprächen als methodischem Ansatz in der Mediation wirft ein Schlaglicht auf einen erwartbaren Zugewinn im Einigungsverfahren.

1. Einzelgespräche tragen deutlich zur Deeskalation in heißen Phasen zwischen den Betroffenen bei. Dies u. a. deshalb, weil keine der beteiligten Parteien ihre Aggressionen gegen den Mediator wenden muß, der seinerseits in der Wahrnehmung der Kontrahenten nicht als Mitverursacher der Eskalation gilt.

2. Somit erhält die Freisetzung von Emotionen in Einzelgesprächen je nach Bedarf mehr Raum.
3. Einzelgespräche lassen zusätzliche (verborgene) Themen leichter, bzw. überhaupt erst zu als ein klassisches Dreiergespräch.
4. Die individuelle Bereitschaft zum offenen (da unbedrohten)Austausch ist grundsätzlich ausgeprägter.
5. Einzelgespräche eignen sich somit immer dann, wenn die Betroffenen zwar eine gütliche Einigung anstreben, diese aber in einem direkten (auch mediierten) Dialog nicht bewerkstelligen können oder wünschen.
6. Einzelgespräche lassen auch eine Hinzunahme von Beratungs – und Coachinganteilen in das Mediationsverfahren zu.
7. In Einzelgesprächen zu beraten oder zu coachen, rüttelt jedoch nicht am Neutralitätsgrundsatz beim Mediator. Neutralität konstituiert sich vielmehr als sozialer Nutzen für die Betroffenen, unabhängig von der jeweiligen angewandten Gesprächsform, ob zu zweit oder zu dritt.
8. Einzelgespräche tragen zur Flexibilisierung, bzw. Auflösung von Zeit –und Raumbeschränkungen bei. So z. B. bei Partnern, die an unterschiedlichen Orten oder Ländern wohnen und auch nur zu jeweils unterschiedlichen Zeiten zur Verfügung stehen können.
9. Einzelgespräche können Dreiergespräche entweder gänzlich oder aber auch nur anteilig (so etwa von Thema zu Thema) ersetzen.
10. Einzelgespräche lassen sich durch die Mediatoren durch einen Einsatz von Frageclustern besser strukturieren und lenken.
11. Einzelgespräche erschließen in Verbindung mit einem angebotenen Medieneinsatz (skype, zoom) Mediatoren den Zugang zu einer deutlich größeren Klientel.
12. Einzelgespräche sind je nach Bedarf auch mit wechselnden Gesprächspartnern gegenüber den Klienten denkbar. Eine derartige Vorgehensweise erlaubt u. a. eine themenabhängige Wahl des Gesprächspartners.
13. Einzelgespräche können in der Gesamtheit ihrer Vorteile den Betroffenen per saldo Zeit im Verfahren sparen helfen.
14. Summarisch lassen sich im Rahmen von Einzelgesprächen die Einbindung von Beratungs – und Coachinganteilen in das Mediationsgeschehen sämtliche Elemente zu einer attraktiven Gesamtdienstleistung zusammenfassen (Eheberatung – Mediation – Aftercare/Umsetzungsassistenz).

Als Risikokatalog für einen vermehrten Einsatz von Einzelgesprächen in Mediationsverfahren, werden häufig die folgenden Punkte genannt, auf die im Einzelnen noch eingegangen werden soll:

1. Verlust, bzw. Aufgabe von Neutralität der Vermittlerperson (real oder als subjektiver Verdacht seitens der Betroffenen).
2. Es besteht eine Gefahr von Separatabkommen oder anderen einseitigen Vorteilsnahmen.
3. Es fällt hierbei eine erschwerte oder ausufernde Dokumentation von Ergebnissen und Lösungen an.
4. Der notwendige Zeit – (und damit einher gehende Kosten-)Aufwand nimmt deutlich zu.

Zu 1) Verlust/Aufgabe von Neutralität:

In der klassischen Paarmediation ist auch in einem Dreiergespräch Neutralität als Merkmal von mediatorischer Amtsführung nicht von Anfang an fest verankert. Sie muß vielmehr als sozialer Wert für die Betroffenen beworben werden. Ihre Erhaltung ist zudem niemals garantiert, sondern muß sich bei allen Beteiligten stets aufs Neue bewahrheiten und bewähren.

Die maßgeblichen und von einer Gesprächsform zwischen zwei oder drei Teilnehmenden völlig unabhängigen Fragen lauten hier:

- Wie läßt sich Vertrauen in Neutralität herstellen? Wie bewahren?
- Welche Kriterien für Vertrauen existieren beim Einzelnen?
- Welche Art der mediatorischen Amtsführung wirkt auf die Betroffenen bezüglich der Neutralität als glaubhaft?
- Wie wird Neutralität in den einzelnen Handlungsschritten transparent?

Wie schon festgehalten, ist Neutralität mithin kein Zustand, sondern ein Kontinuum an Handlungen, welches als solches Bestand hat, wenn die Betroffenen dies so empfinden.

Wenn bei ihnen dieses Gefühl nicht mehr vorherrscht, dann u. U. weniger deshalb, weil die äußerlichen Gegebenheiten von Einzel – oder Paargesprächen daran rütteln, sondern eher deshalb, weil die Amtsführung des Mediators Anlaß zu einer solchen Befürchtung gibt.

Zu 2) Es besteht die Gefahr von Separatabkommen oder anderen einseitigen Vorteilsnahmen

Gemäß dem herrschenden Regelwerk von Mediation ist die Schaffung von Gemeinsamkeiten ein besonders hoch angesetztes Ziel. Hierin ist auch die Gewissheit verankert, dass Absprachen oder Übereinkünfte nur in gegenseitigem

Einverständnis zwischen den Betroffenen zustande kommen. Dies wiederum ist die Voraussetzung für die folgenden Schritte in den Verhandlungen.

Eine solche Vorgehensweise läßt für Separatabkommen so gut wie keinen Raum. Selbst der Versuch einer einseitigen Einflussnahme läßt demjenigen, der ihn unternimmt, nicht die Gewissheit, später von der Gegenseite nicht in der gleichen Weise hintergangen zu werden.

Zudem eignen sich Einzelgespräche hierbei besonders gut für eine Zurechtweisung der Person, ohne dass sie deshalb einen Gesichtsverlust zu erleiden hätte.

Rein praktisch eignet sich ein solcher Punkt auch dafür, eine erneute Abklärung darüber vorzunehmen, wie die Betroffenen den Aspekt der Neutralität für ihr eigenes Dafürhalten gewährleistet sehen wollen.

Viele praktizierende Mediatoren würden gerade solche Ereignisse als Beleg dafür heranziehen, dass ein Ringen um Neutralität, zumal wenn diese dergestalt unter Druck gerät, sie oft genug in Bedrängnis bringt und gemeinhin als eine der härtesten Aufgaben im Vermittlungsgeschäft betrachtet werden muß. Hier fühlen sie sich besonders gefordert als Menschen mit eigener Biografie, d. h. mit eigenen Erfahrungen, Ansichten, Befürchtungen, etc. die als solche tunlichst aus dem Verfahren herauszuhalten sind.

Zu 3) Es fällt hierbei eine erschwerte oder ausufernde Dokumentation von Ergebnissen und Lösungen an

Einer der mediatorischen Grundsätze bindet die Betroffenen ausdrücklich in die Ablaufgestaltung des Einigungsverfahrens ein. Eine entsprechende Protokollierung ist ein Bestandteil hiervon.

Eine genaue Absprache mit den Betroffenen darüber, wie sie die jeweilige anstehende Dokumentation mitgestalten und damit mittragen, schafft am Anfang genau denjenigen Kriterienkatalog, der ihren Bedürfnissen entspricht. Sein Zustandekommen macht sie zu Mitwirkenden und damit zu den Profiteuren des Klärungsprozesses. Weder zu kurz, noch zu ausufernd, sondern jeweils angemessen gilt ihnen hier als Maßstab.

Zu 4) Der notwendige Zeit – (und damit erbundene Kosten-) Aufwand nimmt deutlich zu

Dieser Punkt kann inhaltlich als Fortführung des Gedankens in Punkt 3 gelten. Eine individuelle Abklärung von subjektiven Aspekten, die auf eine Einhaltung von getroffenen Absprachen abzielt, läßt daher im Verlauf der Verhandlung Korrekturen und Ergänzungen zu, die zur besseren Einhaltung beitragen können.

Auch im Nachhinein mit Hilfe von Einzelgesprächen eventuelle Gründe zu erfahren, die eine Umsetzung und Einhaltung subjektiv schwer machen und eine Umsetzungsassistenz erfordern, begründet sich als Maßnahme auf der Zusammenarbeit eins – zu – eins.

Ein großes Plus von Mediation gegenüber anderen Konfliktbearbeitungsverfahren ist durch eine zeitnahe Anwendung gegeben- nicht aber durch ein besonders schnelles Tempo.

Grundsätzlich gilt, dass Verhandlungen tendenziell immer dann zu scheitern drohen, wenn sie unter Zeitdruck vonstatten gehen. Das Mediationsverfahren bildet hier keine Ausnahme. Einen Zeitvorteil zu erzielen auf Kosten von Gründlichkeit und Nachhaltigkeit, erweist sich oft genug als Fehlkalkulation.

Und spricht zudem in den Augen der Betroffenen nicht unbedingt für ein professionelles Gebaren. Ein Zeitvorteil – gegenüber was?

Gerade die Bürokratiearmut dieses Verfahrens läßt es im Vergleich zu anderen auch als schnelleres Verfahren erscheinen. Aber hierauf im Verfahren speziell abzuzielen wird der Bedürfnislage der Betroffenen wohl kaum gerecht.

Letztendlich verfängt auch der Gesichtspunkt der erhöhten Kosten nicht, wenn man den Vergleich zu anderen Verfahren heranzieht. Doch die beobachtbare Angebotssituation von Mediation als „dem billigen Jakob" wendet sich bei ihrer Inanspruchnahme u. U. sehr schnell gegen die Betroffenen und damit auch gegen solche Anbieter. Mediation besticht durch ihre Art der Konfliktlösung und nicht durch ihre „unterstellte Funktion als Sparschwein".

Wie können diese Vorteile am wirkungsvollsten in den anstehenden Einigungsprozeß eingeführt werden?

Im Scheidungskontext tritt der konsequente Einsatz von Einzelgesprächen als sinnvollem Mittel der Gesprächsführung evt. am ehesten zutage.

Mit der gemeinsamen Erstellung der Themenliste in der Orientierungssitzung durch die Betroffenen ist somit die erste Phase der Dreiergespräche abgeschlossen. In den danach anstehenden Einzelgesprächen kann daran gearbeitet werden, welche Vorstellungen, Erwartungen, Nutzen, etc. aus bestimmten Ansätzen entsteht, weiterhin welche Lösungsansätze daraus erkennbar werden und evt. welche Gemeinsamkeiten sich von Thema zu Thema daraus abzeichnen.

Wichtig für die Betroffenen ist dabei eine Sicht darauf, wie all diese Überlegungen in eine eigene kohärente Zukunftsgestaltung eingehen und auf sie einwirken.

Die Scheidungsabsicht umreißt den Zeitraum bezüglich der Zukunft bis zum gerichtlichen Scheidungsausspruch. Danach ist diese Zukunft die Gegenwart der Betroffenen. Der Scheidungsabsicht liegt ja der Wunsch zugrunde, dass sie jeweils für sich eine andere Zukunft wollen und suchen.

Insofern ist Mediation immer Zukunftsgestaltung. In ihrer zeitlichen und inhaltlichen Begrenzung auf die Arbeit bis zum Scheidungsurteil wird sie jedoch dabei ihrem vollen Potenzial nicht in vollem Umfang gerecht.

Im Einzelgespräch wird quasi die anstehende Scheidung gedanklich vorweggenommen. Es legt somit individuelle Erwartungen, Ängste, Hoffnungen, gedankliche Entwürfe, etc. frei, an denen noch zu arbeiten ist, damit hieraus später Gemeinsamkeiten und Lösungen werden können.

So klären Einzelgespräche nicht nur die individuellen Zukunftsperspektiven für die Betroffenen, sondern auch gleichzeitig, welche Orientierung und welche Vorstellungen jeder Einzelne bezüglich seiner Zukunft hat.

Die jeweilige Klarheit und Transparenz der einzelnen Zukunftsvorstellungen wirkt ihrerseits auch stets auf die Qualität und Tragfähigkeit der Lösungsfindung ein.

3.3.2 Zu Abschnitt 2

A) Welche erweiterte Geschäftsgrundlage zum Einsatz von Einzelgesprächen wird für das Mediationsverfahren insgesamt notwendig?
Zur Beantwortung dieser Frage soll wiederum die Orientierungssitzung in zwei unterschiedlichen Szenarien herangezogen werden.
Szenario 1:
Eine Frau sucht den Mediator auf mit der Bitte um Information bezüglich eines Mediationsverfahrens für den wohl wahrscheinlichen Fall ihrer Scheidung, die sich schon seit Längerem abzeichnet. Ihr Informationsbedarf bezieht sich hierbei auf die Abläufe des Verfahrens sowie den damit evt. verbundenen Zeit – und Kostenaufwand.
Die Frage des Mediators, weshalb der Partner nicht zum Gespräch mitgekommen sei, beantwortet sie damit, dass er bislang weder von ihrer Scheidungsabsicht noch von ihrem Informationsbesuch beim Mediator etwas wüsste.
Sie selbst sei noch nicht so weit, mit ihm direkt darüber zu reden, möchte aber für den Fall einer Trennung keinen Streit mit ihm. Sie meint jedoch,

dass ihr Besuch beim Mediator im Beisein ihres Mannes sicherlich anders verlaufen würde. Sie fürchtet primär seine Reaktionen und sein Unverständnis gegenüber der Lage und ihrer Reaktion darauf.
Ab diesem Zeitpunkt entsteht bezüglich eines Scheidungsbegehrens für die zwei Betroffenen ein unterschiedliches Entwicklungstempo in jeglicherlei Hinsicht.
Hat die Mediation selbst an dieser Stelle bereits begonnen? Sicherlich nicht für den Mann, aber u. U. in gewisser Hinsicht bereits für die Frau. Sie verfügt zum jetzigen Stand der Dinge über einen gewissen Informationsvorsprung und weiß auch, dass sie sich nicht streiten will, was in gewisser Hinsicht eine Wahl der Mittel darstellt. Durch die Erläuterung der angebotenen Methode sowie einen ungefähren Zeit – und Kostenrahmen kann sie sich bereits jetzt mit div. Fragen in Zusammenhang mit ihrer Absicht inhaltlich auseinander setzen. Ein Ausgleich für den Mann entsteht dadurch, dass er ebenfalls im Einzelgespräch mit dem Mediator informatorisch gleich ziehen kann oder in einem weiteren Orientierungsgespräch in erweitertem Rahmen Näheres erfahren kann.
Das entstandene Gefälle zwischen den Eheleuten wird u. U. durch den gesamten Einigungsprozeß spürbar bleiben, hat aber Chancen, durch Einzelgespräche einen gewissen emotionalen Ausgleich zu erfahren.
Szenario 2:
Beide Partner nehmen die Orientierungssitzung gemeinsam in Anspruch. Hier erfahren sie neben den Abläufen und Verfahrensmerkmalen evt- auch etwas über die denkbaren Alternativen der Bearbeitung gegenüber dem Mediationsverfahren, wie im zweiten Kapitel erläutert (externer Vergleich).
Zusätzlich lassen sich Einzelgespräche alternativ, bzw. ergänzend als Bestandteil des gesamten Maßnahmenkatalogs einführen (interner Vergleich).
Für beide Varianten der Mediationsgespräche ist hinsichtlich einer Entscheidung der Betroffenen letztendlich noch zu klären, welches Maß an Einigungswillen und Verständigungsbereitschaft ihrer Meinung nach (noch) zwischen ihnen herrscht und wie gut ihre Kommunikation in diesem Zusammenhang funktioniert.

B) Wie wirken sich Einzelgespräche auf die Bearbeitung einer erweiterten Zukunftsgestaltung für die Betroffenen aus?

Bezüglich dieser Thematik können Einzelgespräche ein Bindemittel darstellen zwischen den Aspekt der Lösungsfindung innerhalb der Einigungsgespräche und den individuellen Zukunftsentwürfen. Wesentlich ist hierbei für die Mediatoren, darauf hinzuwirken, dass die Betroffenen jeweils die Verbindung erkennen können zwischen einer gelingenden Zukunftsgestaltung auf der einen Seite und der daraus hervor gehenden Qualität der Lösungsfindung.

Der erzielbare Zugewinn soll dabei nicht nur an der eigenen Person spürbar werden, sondern auch gleichzeitig an den Beiträgen der Gegenseite.

Gerade bei einer anfänglichen oder von Thema zu Thema unterschiedlichen Dringlichkeit des Veränderungswunsches (Entwicklungsabsicht) bezüglich des herrschenden Zustandes (Statik) fällt dem Mediator die Aufgabe zu, gemeinsame Erkenntnisse und Einsichten aus der jeweils individuellen Wahrnehmung und Glaubenssätzen, wie in Kap. 2 erwähnt, mit den herrschenden Bedürfnissen der Partner in Verbindung zu bringen und in den Einigungsprozeß zu integrieren. Ein Gelingen solcher oft schwierigen und komplexen Schritte läßt sich speziell durch den Einsatz von Einzelgesprächen optimal vorbereiten.

C) Wie verändert sich die Themenwahl durch die Betroffenen in der Mediation bei einer Hinzunahme von Einzelgesprächen?

Einzelgespräche lassen erfahrungsgemäß zu, dass zu den rationalen Anteilen von Einigungsgesprächen (bei wem wohnen zukünftig die Kinder, was machen mit den gemeinsamen Schulden, etc.) auch zusätzlich Anteile mit hoher emotionaler Belastung treten, die in Einigungsgesprächen selber das Potenzial haben, diese zum Scheitern zu bringen.

Den Betroffenen wird anfänglich zwar gesagt, dass im Mediationsverfahren, anders als in juristischen Verfahren, durchaus Platz für Emotionen sei, dass bei ihrem Auftreten allerdings i. d. R. jedoch unterschieden wird, ob es sich dabei um verfahrensförderliche oder um verfahrenszersetzende Emotionen handelt.

Mit der Ausgliederung der zweiten Kategorie von Emotionen aus dem Einigungsverfahren ist ihre Virulenz jedoch noch keinesfalls aufgelöst. Sie braucht Beachtung und Zuwendung innerhalb von Einzelgesprächen gerade im Sinne der Stabilisierung und Erhaltung des Verfahrens selbst.

So können beide Anteile, der rationale wie der emotionale, parallel geführt werden, was ihre innere Zusammengehörigkeit unterstreicht und gleichzeitig die Fortführung des Prozesses zulässt.

Zudem lassen sich Anteile von persönlichen Wertvorstellungen und kulturell vermittelte Anteile im Rahmen einer identitätsbezogenen Thematik für die Betroffenen durch Einzelgespräche nahtlos in den Einigungsprozeß integrieren dadurch dass sie kenntlich und damit dingfest gemacht werden, was zu einer angemessenen Berücksichtigung ihrer Bedeutung beiträgt.

Denkbar ist hierbei, dass dies auch gewisse Auswirkungen auf die Prioritätensetzung hat bei der Festlegung der Themenreihenfolge, bzw. der Themenwahl insgesamt.

3.3.3 Zu Abschnitt 3

A) Wie können Einzelgespräche die Betroffenen nach dem Abschluß des Mediationsverfahrens unterstützen?

Wie bereits früher erwähnt erledigen sich mit dem erfolgreichen Abschluß eines Mediationsverfahrens und dem vorliegenden Einigungskatalog die Probleme der Betroffenen damit noch nicht unbedingt. Man hat sich evt- lediglich auf eine handhabbare Form des Umgangs mit ihnen verständigt.

Dies muß allerdings als erheblicher Fortschritt im Leben der Betroffenen gewertet werden, gemessen daran, dass andere Konfliktbearbeitungsverfahren eine derartige Reichweite der Problemlösung nicht aufweisen.

Verschiedene Probleme bleiben aber evt. nach einer erzielten Einigung in vollem Umfang erhalten oder treten erst nach dem Verfahren zutage. So etwa die Frage nach einem neuen Wohnort, nach einem (neuen) Job, nach Finanzquellen, etc.

Die alte Vorstellung, wonach das Leben nach einer Scheidung in möglichst vergleichbaren oder gar unveränderten Bahnen weitergeht, erweist sich als brüchig bis fehlgeleitet.

Neue Perspektiven und Orientierung sind nicht in Sicht. Die vorherrschende Gefühlslage bei den meisten Betroffenen ist eine Mischung aus Wut, Trauer, Angst und Verlust.

Diese Gefühlslage durchzieht in aller Regel und unterschiedlicher Intensität und Dauer den Gesamtprozeß der Einigung und reicht auch noch über seinen Abschluß hinaus. So können Einzelgespräche eine fortbestehende emotionale und identitäre Thematik weiterführen in individueller Form quasi als Verlängerung des Einigungsprozesses.

Auch hier läßt sich für viele Betroffene die Tatsache, dass Einigungen über diverse Themen erzielt worden sind, noch keine Schlüsse darüber zu, wie diese sich praktisch in die neue Realität übertragen lassen.

Einzelgespräche können an dieser Stelle den Charakter einer „Umsetzungshilfe“ annehmen. Diese kommt individuell zur Geltung, ohne den abgeschlossenen Einigungsprozeß in seinem Bestand zu gefährden.

B) Welche betreuerische Kontinuität erwächst aus den Einzelgesprächen?

Der erwartbare Wunsch von Betroffenen nach einem „Betreuungskontinuum" durch den Mediator hat seinen Ursprung womöglich in zwei Wurzeln:

Zum einen
war der Mediator Ansprechpartner als es den Betroffenen um eine Entscheidung ging, welches Verfahren sie zum Ziel einer Scheidung leiten sollte. Für sie war der Entschluß zu diesem Verfahren gleichzeitig der Entschluß für eine Zusammenarbeit mit diesem bestimmten Menschen.

Ihm gegenüber wurden gemeinsam alle klärungsbedürftigen Themen auf den Tisch gelegt. Zusätzlich hatten Einzelgespräche mit ihm bei ihnen für ein tieferes Verständnis für den thematischen Zusammenhang gesorgt. Und schließlich haben sie ihm auch den damit verbundenen Emotionsapparat von Angst, Trauer und Verlust anvertraut.

Mit jeder praktischen Lösung hatte er somit auch gleichzeitig einen Anteil an der Beantwortung von auftretenden Fragen nach der Sinnhaftigkeit eines derartigen Tuns.

Zum anderen
wurde damit der Mediator zum zentralen Vertrauensträger eines umfassenden Veränderungsprozesses in ihrem Leben.

Aus dieser Position der Vertrauensperson heraus wird der Mediator bei der Fortführung seiner Betreuungsarbeit für die einzelnen Betroffenen fast zwangsläufig zum primären Ansprechpartner, da er in dieser Zeit zu sehr umfangreichen und auch sehr privaten Anteilen in der Biographie seiner Klienten Zugang erhalten hat und mit einem positiven Verhandlungsabschluß auch seine fachliche Kompetenz belegen konnte.

Gerade mit der Einsicht, bzw. der Erkenntnis der Betroffenen, dass der Veränderungsprozeß seinen Abschluß nicht mit dem Einigungskatalog hat, sondern weitere Elemente der Umsetzung und individuellen Zukunftsgestaltung braucht, geht die Erwartung einher, dass er für den Rest dieses Weges für die einzelnen Betroffenen evt. der zentrale Ansprechpartner bleibt.

So kommt für den Mediator womöglich zusätzlich zur Rolle eines „Zukunftsdesigners" auch die eines „Erwartungsmanagers".

C) Wie können Einzelgespräche als Bestandssicherung von getroffenen Vereinbarungen und Gemeinsamkeiten herangezogen werden?

An dieser Stelle kommen häufig Vereinbarungen über Probezeiten und Testphasen zum Tragen. Ihr Vorteil liegt u. a. darin, die Tauglichkeit und Tragfähigkeit der Übereinkünfte innerhalb eines festgelegten und für die Betroffenen überschaubaren Zeitraums praktisch auszuprobieren im Bewusstsein, dass nach Ablauf dieser Phase weitere Korrekturen oder Ergänzungen jederzeit möglich sind.

Die innere Zugangsschwelle wird herabgesenkt und evt. auftretende Fehler lassen sich innerhalb von Einzelgesprächen leichter besprechen.

Hierbei tritt allerdings ein Risikofaktor des Mediationsverfahrens zutage:

Wenn die Betroffenen am Anfang erfahren, dass sie gleichsam die „Architekten ihres Einigungsprozesses" sind, so kommen ihnen im Fall etwaiger Fehlentscheidungen sehr schnell auch Zweifel daran, dass sie bezüglich ihres Konfliktes mit der Mediation die falsche Methode gewählt haben, da diese offenbar für sie keinen Wert besitzt. Sie deuten Missgriffe oftmals als Beleg für ihre eigene Unfähigkeit.

Einzelgespräche vermögen an dieser Stelle den jeweiligen womöglich angekratzten Selbstwert der Betroffenen zu stabilisieren als Maßnahme zur Bestandssicherung des Erreichten.

Dabei ist in Einzelgesprächen auch die jeweilige Kompetenz der Betroffenen als autonome Individuen zur Lösungsfindung angesprochen. Denn kein Mensch käme beim Vergleich zu Gerichtsverfahren auf die Idee, angesichts von ergangenen richterlichen Fehlurteilen den Wert des Justizwesens insgesamt in Zweifel zu ziehen.

3.4 Potenzielle Einsatzmöglichkeiten von Einzelgesprächen

Damit die bisher aufgeführten Merkmale und Aspekte von Einzelgesprächen in ihrem möglichen Einsatz und ihrer erwartbaren Wirkung her besser einschätzbar werden, soll hier nunmehr in einer Gegenüberstellung von idealtypischem Verlauf eines Paarverfahrens (gem. Beschreibungen aus web pages und Prospekten von div. Anbietern zum Thema) und einem Paarverfahren mit real unterlegtem Hintergrund mit all seinen Beobachtungen die Rede sein. Die Inhalte dieser Gegenüberstellung sind hierbei jeweils stichwortartig in Form eines 10-Punkte-Katalogs eingebracht:

A) **Idealtypischer Ablauf einer Paarmediation:**

1. Die zwei Partner kommen gemeinsam zur anberaumten Orientierungssitzung und Verfahrensabsprache.
2. Die Betroffenen bringen die zu bearbeitenden Themen selbst mit.

3. Sie beschließen gemeinsam die Teilnahme am Verfahren und sagen einander einen kooperativen Verhandlungsstil und ein faires Verhalten zu.
4. Ihre Treffen finden in regelmäßigen Abständen an einem neutralen Ort statt bis zur endgültigen Lösung ihrer Probleme.
5. Sie nehmen eine neutrale Vermittlerperson zur Gesprächsmoderation und zur Dokumentierung der erzielten Verhandlungsresultate in Anspruch.
6. Diese Vermittlerperson liefert selbst keine klärungsbedürftigen Themen und auch keine eigenen Lösungsansätze.
7. Rechtliche Aspekte sollen im Verfahren (vorübergehend) keine Rolle spielen.
8. Die getroffenen Regelungen bleiben auch lange nach dem richterlichen Scheidungsausspruch intakt und erhalten.
9. Nachträglich auftauchende Themen sind für das Mediationsverfahren selbst nicht mehr von Belang.
10. Durch ihre Wahl des Verfahrens profitieren die Betroffenen dabei von einer Ersparnis an Geld und auch an Zeit.

B) **Realerfahrungen bei angewandten Paarverfahren:**

1. Interessierte Personen kommen oftmals einzeln und ohne Wissen der Gegenseite zur Orientierungssitzung.
2. Die Gegenseite muß ihrerseits häufig erst zu einer Teilnahme an der Orientierungssitzung gewonnen werden.
3. Die Partner kommen ohne eine Vorstellung davon, welche Themen sie zu klären haben.
4. Genauso wenig herrscht bei ihnen eine konkrete Vorstellung über denkbare Lösungsoptionen vor.
5. Sie verweigern angesichts eines derartigen Szenarios den Dialog miteinander.
6. Ihre Gespräche sind häufig voll von gegenseitigen Vorwürfen und Schuldzuweisungen.
7. Sie wissen i. d. R. nicht was sie wollen, dafür aber recht genau, was sie alles nicht (mehr) wollen.
8. Sie haben nur selten eine Vorstellung von ihrer neuen Zukunft und auch keine Idee, wie man diese entwerfen/entwickeln kann.
9. Folglich fühlen sie sich nicht nur bei einer Gestaltung ihrer Lösungsoptionen hilflos, sondern auch später bei der Umsetzung von erzielten Vereinbarungen und deren Einhaltung.
10. So kommen sie sich nach dem Scheidungsausspruch mit ihren Problemen alleine gelassen vor. Ihre getroffenen Vereinbarungen weisen denn auch oftmals nur eine eher geringe Haltbarkeitsdauer auf.

Wenn man einen Vergleich zieht bezüglich der Frage, wann der Einsatz von Einzelgesprächen in Mediationsverfahren als sinnvoll und hilfreich erachtet wird, so leuchtet beim Blick auf den Idealverlauf eines Paargespräches ein, dass ihnen dort die Funktion einer „ultima ratio" zufällt. Diese träte ein, wenn die Dinge zwischen den Betroffenen aus dem Ruder laufen und nur durch die Veränderung des Settings wieder in förderliche Bahnen gelenkt werden können.

Wenn jedoch der anders geartete Verlauf herangezogen wird, dann fallen Einzelgesprächen evt. ein größeres Gewicht und Bedeutung zu. Hierbei bleibt die denkbare erweiterte Bearbeitungsthematik in Form von Coachingmaßnahmen vor Beginn des eigentlichen Verfahrens sowie in seiner Verlängerung als Nachbetreuung an dieser Stelle unberücksichtigt. Bezug wird nur auf die klassische Mediation genommen, damit der o. g. Vergleich als Maßstab erhalten bleibt.

Drei grundsätzliche Problembereiche werden in verschiedenen Ausbildungsmaterialien immer wieder genannt, nämlich

a) Beziehungsprobleme, b) Verfahrensprobleme und c) Inhaltsprobleme.

Auch der Timing – Aspekt spielt bei diesen drei Problemen eine Rolle:

Wann und warum sollen Einzelgespräche in Mediationsverfahren zum Einsatz kommen?

- die Betroffenen sollen starke Emotionen ausdrücken können, ohne deshalb den Beginn oder den Fortgang der Verhandlungen zu gefährden.
- Bei einer Festlegung von Regeln für den Verhandlungsverlauf, die das Maß und die Häufigkeit von Gefühlsäußerungen überschaubar halten, welche von den Betroffenen bejaht werden muß.
- Ein Entwurf von Verhaltensregeln in Verhandlungen braucht die Zustimmung der Teilnehmenden. Sein Sinn muß ggfs. je einzeln vermittelt werden.
- Eine Aufklärung der einzelnen Betroffenen über den Mediationsprozeß sowie die individuellen Vorstellungen der Betroffenen bezüglich der Gestaltung des Verfahrensablaufs erscheint angemessen.
- Es soll eine präzise Identifikation von Themen und jeweiligen Interessen gelingen, welche die einzelnen Betroffenen in einer gemeinsamen Sitzung nicht ansprechen wollen oder können.
- Einzelgespräche gestatten es dem Mediator, einen präzisen Überblick über die thematischen Prioritäten der einzelnen Teilnehmenden zu gewinnen.
- Sie leisten damit auch die Identifikation eventueller Tabus im Themenkatalog der Betroffenen.

- Sie funktionieren zudem als Organisations – und Vorbereitungshilfe für unvorbereitete Teilnehmer.

a) Einsatz bei Beziehungsproblemen
   - Starke Emotionen blockieren die Verhandlungen.
     Einzelgespräche leisten hier eine Abtrennung von Gefühlsäußerungen, welche die Beziehung der Verhandlungspartner u. U. (weiter) schädigen.
   - Starke unterdrückte und nicht verbalisierte Emotionen blocken die Verhandlungen ab.
     Einzelgespräche lassen Gefühlsäußerungen in einer sicheren Umgebung zu, bzw. ermutigen die Teilnehmenden hierzu.
     Sie verhindern ferner einen manipulativen Gebrauch von Emotionen. Sie leisten dazu noch im Bedarfsfall eine Festlegung von Basisregeln zur Verhinderung oder Kanalisierung von starken Emotionen.
     Sie leisten eine Unterweisung der Teilnehmenden in alternativen Möglichkeiten der Gefühlsäußerung ohne eine Beschädigung der Beziehungen.
     Sie leiten den Einsatz einer Abkühlungsphase ein.
   - Falsche einseitige Wahrnehmungen blockieren die Verhandlungen. Einzelgespräche tragen zur Klärung der subjektiven Wahrnehmung bei.
     Sie entwickeln daraus folgend Strategien zum Test von Wahrnehmungen.
     Sie führen darüber hinaus ebenfalls die Sichtweise/Wahrnehmung des Mediators selbst bezüglich der Situation ein und gestatten damit auch eine Veränderung, bzw. Anpassung der subjektiven Sichtweise eines Betroffenen.
     Sie melden auch Zweifel an bezüglich der Wahrnehmung von Betroffenen.
   - Kommunikation blockiert die Verhandlungen.
     Einzelgespräche kontrollieren sämtliche verbale wie nonverbale Vorgänge, welche die Verhandlungen behindern. Sie leisten eine Beschränkung des Informationsaustausches auf produktive und konstruktive inhaltliche Vorschläge.
     Sie legen eine optimale Kommunikationsform für den Fortgang der Verhandlungen fest.

b) Einsatz bei Verfahrensproblemen
   - Nicht – zielgerichtete Verhandlungen blockieren den Fortgang. Einzelgespräche entwerfen und skizzieren eine bestimmte Vorgehensweise innerhalb der Verhandlung.

- Es bestehen Schwierigkeiten bei der präzisen Benennung, bzw. Identifikation von Themen.

  Einzelgespräche leisten Präzisierungshilfe.
- Konfligierende Verhandlungsstile (Position vs. Interessen) blockieren den Fortgang.

  Einzelgespräche leisten eine Erörterung und Abwägung der unterschiedlichen Verhandlungsansätze wie auch deren Bewertung. Sie entwickeln Strategien eines Wechsels von positionsbezogenen hin zu interessensbezogenen Verhandlungen.

  Sie organisieren die Koordination der Verhandlungsabläufe für die Betroffenen.
- Es herrscht ein schleppender Verhandlungsfortgang.

  Einzelgespräche stoßen die Erörterung einer Effizienzsteigerung an.
- Es wirken Drohungen und gegenseitige Beschimpfungen seitens der Betroffenen auf die Verhandlungen ein.

  Einzelgespräche leiten deeskalatorische Schritte und Strategien ein. Sie unterstreichen die Negativkonsequenzen im Falle einer Beibehaltung von Drohungen und Beschimpfungen.
- Inhaltliche Vorschläge innerhalb einer Verhandlung werden umgehend abgelehnt.

  Einzelgespräche leisten eine Trennung zwischen einer Erzeugung von Optionen und deren Bewertung.
- Eine in Verhandlungen ungeübte Person kann im Verlauf nicht mehr mithalten.

  Einzelgespräche machen den Verhandlungsverlauf überschaubar und transparent für alle Beteiligten.
- Einzelne Betroffene bluffen oder verhandeln nicht in guter Absicht. Einzelgespräche stellen per einseitiger Ankündigung die Option eines Abbruchs der Mediationsgespräche in Aussicht für den Fall einer Fortsetzung des destruktiven Verhaltens.
- Die Betroffenen stehen unter Druck und können sich nicht auf (akzeptable) Vereinbarungen verständigen.

  Einzelgespräche klären den temporären Abbruch, bzw. eine Auszeit und planen die Festlegung eines Fortsetzungstermins.

c) Einsatz bei inhaltlichen Problemen
   - Es liegen keine akzeptablen Optionen vor und die Betroffenen schaffen es nicht, welche zu produzieren.

Einzelgespräche betreuen eine Erörterung darüber wie allseits akzeptable Optionen entweder getrennt oder gemeinsam produziert werden können.

Sie organisieren z. B. ein brainstorming sowie dessen Auswertung durch die einzelnen Betroffenen.

- Die vorliegenden Optionen erscheinen einem oder allen Betroffenen nicht akzeptabel.

  Einzelgespräche kontrollieren die Qualität des gewählten Verhandlungsstils.

  Sie identifizieren evt. verborgene Interessen, bzw. deren Modifikation.

  Sie eruieren die denkbaren Gründe dafür, weshalb die vorliegenden Vorschläge als inakzeptabel erscheinen.

  Sie leisten die Entwicklung von alternativen Optionen.
- Eine Partei verschreibt sich vorschnell einer Position und wird in der Verhandlung unbeweglich.

  Einzelgespräche erläutern die Risiken und Gefahren einer vorschnellen Festlegung auf bestimmte Standpunkte.

  Sie identifizieren verborgene Interessen bei den Betroffenen.

  Sie verhindern einen evt. Gesichtsverlust im Fall einer Abänderung einer vorschnell eingenommenen Position.
- Ein Betroffener hält an einer unvernünftigen oder unrealistischen Position fest.

  Einzelgespräche loten den unterstellten Realitätsgehalt der Position aus wie auch deren Akzeptanz.

  - Diverse Verhandlungsthemen sind miteinander verkettet, was zu einer Erschwerung oder Blockade der angestrebten Einigung führt. Einzelgespräche treiben die thematische Entflechtung voran und leiten um auf das „Baukastenprinzip“.
  - Die Betroffenen sind sich der existierenden Lösungsoptionen für ihre Probleme nicht (vollständig) bewusst.

    Einzelgespräche konfrontieren die Betroffenen mit den denkbaren Resultaten und Chancen der Optionen.

Einer weiteren Debatte bleibt es vorbehalten, strategische und mediationsethische Aspekte von Einzelgesprächen in diesem Kontext zu erörtern wie u. a.

- wie direkt und herausfordernd soll ein Mediator im Verlauf von Einzelgesprächen sein?
- Welches sind hierbei die denkbaren Grenzen der Vertraulichkeit?

- Wie ist die Situation bezüglich der Manipulation des Mediators in Einzelgesprächen durch die Betroffenen (und umgekehrt) zu bewerten?
- Welches soll dabei der Umgang mit „Koalitionen“ bzw. „Koalitionsbildung“ sein?
- Wo ist der ethische Grenzverlauf für einen Einsatz von Einzelgesprächen?
- Welche evt. legalen und professionellen Hindernisse bestehen?

Zweifellos haben diese und noch mehr andere Fragen in diesem Kontext ihr Gewicht und ihre Berechtigung und brauchen Antworten. Aber eine Auseinandersetzung darüber soll und darf zwei grundlegende Aspekte nicht vernachlässigen:

1. Sie lassen sich nicht im „Elfenbeinturm der Mediationsforschung“ beantworten, sondern müssen jeweils die Ergebnisse und Erfahrungen von praktischer Vermittlungsarbeit wiederspiegeln.
2. Sie lassen sich nicht von Mediatoren für Mediatoren beantworten ohne einen input der Betroffenen und ihrer Erfahrungen und Einschätzungen.

Sämtlichen Überlegungen und Untersuchungen sei daher die Grundfrage allen Handelns vorangestellt: „wem nützt es?“

Curriculare Konsequenzen

4

Wir sind als Anbieter von Mediation eingeladen, ihre Weiterentwicklung bildhaft in Form einer „Horizontalen Ausdehnung“ wahrzunehmen. Als Sinnbild kann hier eine verlängerte Zeitachse dienen, die nicht erst im so formulierten Scheidungswunsch des Paares ihren Ausgangspunkt hat und ihren Schlusspunkt als Dienstleistung mit dem richterlichen Scheidungsspruch setzt.

4.1 Schrittabfolge zur Entscheidungsfindung

Welche Schritte müssen die Betroffenen im Einzelnen tun

a) um bei diesem Entschluß zur Scheidung innerlich anzukommen,
b) im Mediationsverfahren selbst auf ein variables Bearbeitungskonzept zurückgreifen zu können,
c) ihren anhängigen Konflikt in all seinen Anteilen vor dem Horizont einer gelingenden Zukunftsgestaltung für beide beilegen zu können?
d) Welches ist der wünschenswerte Umgang mit Einzelpersonen und/oder Paaren in einer Latenzphase, noch bevor ihr Entschluß zur Scheidung feststeht?

Fragestellungen dieser Art zielen nicht nur auf materielle und juristische Gegebenheiten bei diesen Schritten ab. Sie berühren in gleicher Weise emotionale und identitäre Anteile.

Wie will das Paar Lösungsfindungen in Mediationsverfahren angehen, wenn direkte Dialoge emotional hochgradig belastet bis unmöglich geworden sind? Aus welcher möglichen Vorgehensweise erwächst ihm dabei der optimale Mehrwert und Nutzen?

T. Spörer, *Mediation durch Einzelcoaching für Paare und Familien*, essentials, https://doi.org/10.1007/978-3-658-33391-1_4

Was, wenn sich das Paar angesichts der bereits gelösten Fragen im Verfahren der Tatsache bewusst wird, dass die gefundenen Antworten darauf ihrerseits noch nichts über dessen Umgang mit der daraus evt. resultierenden Umsetzungs – und Anwendungsproblematik aussagen?

Und was, wenn die Betroffenen gegen Ende des Weges erkennen, dass Konfliktlösung und umfassende Zukunftsgestaltung faktisch zwei Seiten der gleichen Münze darstellen?

Die Wahrnehmung der „Horizontalen Ausdehnung" und ihre Bearbeitung nötigt in der Konsequenz den Mediatoren auch die Verarbeitung von mehr Lernstoff in den Curricula der Mediationsausbildung ab, welcher bislang in den herkömmlichen Ausbildungs-
gängen nicht, bzw. nicht ausreichend berücksichtigt worden ist:

1. Ein tiefes und differenziertes Verständnis der Mediatoren von der ganzheitlichen Bedürfnislage der Betroffenen und ihrer Erkundung.
2. Das Angebot von Beratungs – und Coachingschritten für erweiterte Einzel – und Paargespräche
3. Die Ausarbeitung und Anwendung von Fragestrategien als dem zentralen Mittel der direktiven und nondirektiven Gesprächsführung
4. Identifikation und Bearbeitung von Aspekten individueller Zukunftsgestaltung
5. Prinzipien von Umsetzungsstrategien

4.2 Lernschritt A: Bedürfnisse und ihre Bedeutung in der Mediation

Allgemein gesprochen drückt sich im Begriff „Bedürfnis" ein Mangel aus, unter dem ein Mensch leidet. Er knüpft daran den Wunsch, Mittel und Wege zu finden, um dem Mangel damit Abhilfe verschaffen zu können.

Somit stehen Bedürfnisse am Anfang einer Kette hin zu Wünschen, welche ihrerseits in der Folge Auslöser für entsprechendes Handeln werden. Subjektivität gilt hierbei als Leitlinie, die es verbietet, Bedürfnisse quantifizieren zu wollen.

Bei einem Scheidungsbegehren scheinen beide Betroffene die gleichen Bedürfnisse zu haben. Ein näherer Blick jedoch macht deutlich, dass sie nicht ihre Bedürfnisse in ihrer Scheidung ausdrücken, sondern im Gegenteil ihre Scheidung als gemeinsame Antwort auf ihre evt. sehr unterschiedlichen Bedürfnisse betrachten.

Dieser Blickwinkel spielt womöglich eine erhebliche Rolle, wenn es für die Betroffenen darum geht, zu entscheiden, auf welche Weise sie ihre Scheidung bewerkstelligen wollen.

Für den Umgang mit Bedürfnissen kann dabei festgestellt werden, dass im Zentrum immer die „Erlebende Person" steht. Auf sie ist der Fokus ausgerichtet mit den Eigenschaften wie „Freie Wahl, Kreativität, Wertschätzung und Selbstverwirklichung".

Das Hauptinteresse im Umgang mit Bedürfnisorientiertheit bei den Betroffenen gilt stets der Entwicklung der dem Menschen innewohnenden Kräfte und Fähigkeiten.

Eine Aufnahme des Aspektes von „Bedürfnisorientiertheit" in den Ausbildungskatalog von Mediationsseminaren muß in ihrem Kern auf die folgenden Inhalte abzielen:

- Bedürfnisse erfassen und analysieren
- Bedürfnisorientierte Verhandlungsführung
- Bedürfnispriorisierung und-Gewichtung
- Kompensation von evt. Bedürfnisverschiebungen.

4.3 Lernschritt B: Beratung und Coaching in der Mediation

Wenn Coaching und/oder Beratung zusätzlich in den Mediationsprozeß eingebunden werden, dann mit dem Ziel, den Einigungsprozeß zu unterstützen und die Rolle der Betroffenen als Teilnehmer bei der Gestaltung von Lösungen und der Wahrnehmung eigener Interessen dabei zu stärken und zu kontourieren.

Um dieses mit den Mitteln des Coaching/der Beratung leisten zu können, müssen für sie bestimmte Abläufe dieser Formen als solche klar erkennbar sein. Sie benötigen eine Trennschärfe hin zum eigentlichen Mediationsverfahren, einen Nutzen für die Betroffenen sowie erkennbare Zielkriterien, welche ein erfolgreiches Handeln als solches erkennbar machen.

Beratung und Coaching sind helfende Tätigkeiten. Beide stellen im Kontext der Mediation das Handeln der Betroffenen in den Mittelpunkt. Dabei bemisst sich der Nutzen dieser Methoden und damit der Anwender nach deren Beitrag bezüglich einer Verbesserung ihrer Entscheidungsfindung und Handlungssteuerung.

Der Ausgangspunkt für ihren Einsatz kann aus den folgenden Fragen und Überlegungen der Betroffenen bestehen:

- „Ich habe die Frage nicht oder noch nicht klar formuliert, auf welche Frage ich eine Antwort suche
- ich bewege mich auf mir unbekanntem Terrain und weiß daher (noch) nicht, welche Informationen mir weiterhelfen können
- meine bisherigen Vorstellungen davon, wie ich erfolgreich agieren kann, funktionieren nicht (mehr)
- mein Handeln und meine Entscheidungen sind mit anderen Personen verbunden – diesen Kontext kann ich nicht kontrollieren
- die Situation, in der ich mich befinde, ist offen und nicht durch mein Handeln begrenzbar

Für Hilfestellungen in diesem Zusammenhang wurde in den 70er Jahren der Begriff der „Prozeßberatung" geprägt. Dieser richtet sich weniger auf die Inhalte als vielmehr auf die Steuerung des Handelns in komplexen sozialen Kontexten. Beratung ist darin kein zufälliger Zusammenhang von Handlungen, sondern eine systematische Abfolge notwendiger Handlungsschritte, um Resultate und Nutzen für die Betroffenen zu stiften.

Dabei können die einzelnen zu durchlaufenden Prozeßphasen als jeweilige Erfolgsfaktoren füreinander charakterisiert werden. Die Einhaltung der aufeinander folgenden Handlungsschritte kann hier als kritischer Faktor für Beratungs – und Coachingerfolge benützt werden, welcher darin besteht,den Betroffenen eine nutzbringende Prozeßsteuerung zu liefern, die deren Handlungs – und Entscheidungsfindung real messbar verbessert.

Diese Handlungsschritte sind in ihrer Chronologie:

Kontakt – Kontrakt – Hypothese – Intervention – Evaluation.

Coachinginterventionen liegt immer ein systemtheoretisches Verständnis menschlicher Kommunikation zugrunde. Interventionen stellen darin immer Angebote zur Verbesserung dar. Sie sind als solche nicht nur mit der Hypothese verbunden, den Betroffenen damit ein passendes Angebot zu machen, sondern sie können von diesen auch abgelehnt werden.

Die ganze Kompetenz des Coaches besteht darin, seinen Klienten letztlich solche Interventionen anzubieten, die sie für eine Verbesserung der Selbststeuerung in Bezug auf ihren konkreten Handlungsvorsatz nutzen können.

Veränderungsschritte in dieser Hinsicht gehen aus systemtheoretischer Sicht stets einher mit einer passenden Veränderung ihrer bisherigen gelernten Denk –, Fühl – und Handlungsmuster.

4.3.1 Der lösungsorientierte Ansatz

Er geht im Coaching davon aus, daß die Menschen sich eine jeweils eigene subjektive Realität schaffen, aufgrund derer sie agieren und reagieren. Wenn also ein Betroffener dem Coach seine Realität inklusive seines Problems beschreibt, so ist es so gut wie ausgeschlossen, dass beide Personen eine identische Sichtweise der Situation haben.

Doch sich als Coach um ein tiefes Verständnis bezüglich der Lage des Betroffenen zu bemühen, bringt diesen nicht näher an die gewünschte Lösung.

Vielmehr muß dieser seine wünschenswerte Zukunft selbst konstruieren und kreieren. Und folglich fällt dem Berater die Aufgabe zu, dem Betroffenen bei der Entdeckung seiner wünschenswerten Zukunft zu helfen wie auch dabei, die Ressourcen zu entdecken, die es braucht, damit das Ziel Realität werden kann.

4.3.2 Der wertorientierte Ansatz

Die Betroffenen operieren bei der Erschaffung ihrer wünschenswerten Zukunft maßgeblich aus ihrem eigenen Wertesystem heraus.

Werte stellen dabei die eigentliche Basis von Veränderungen dar und haben Bedeutung für die Nachhaltigkeit der Neuorientierung, da sie das gesamte menschliche Verhalten steuern.

Die Zusammenschau von Wertentwicklungen und Wertverletzungen ergibt in ihrer Gesamtheit das Wertsystem eines Menschen.

Das Wertsystem selbst ist wiederum geformt z. T. durch Übernahme entsprechender Werte von Eltern und anderen Autoritätsinstanzen und lenkt teils bewußt, teils unbewußt unsere Einschätzungen und Beurteilungen der Welt. Unbewußt ordnet das Gehirn in der Folge vorhandene Werte in eine Hierarchieordnung.

Im Falle einer Scheidung ist zu erwarten, dass das Wertsystem der Betroffenen eine tiefe Erschütterung erfährt mit lang anhaltenden Nachwirkungen in den Bereichen der Zukunftsgestaltung nach dem richterlichen Urteilsspruch.

An dieser Stelle rückt eine Wertorientierung vielfach in den Hintergrund, weil gesetzte Ziele attraktiver und schneller erreichbar erscheinen.

Doch beim Versuch, sich Sinnfragen in Zusammenhang mit dieser Veränderung zu stellen, wenden sich die Betroffenen damit gleichzeitig ihren inneren Werten zu, die sie zumeist unbewußt steuern.

So geht es zusammengefaßt an dieser Stelle nicht nur darum, daß der Coach bestimmte Techniken anwendet, sondern daß er vielmehr einen Rahmen und Raum schafft, in welchen ein Betroffener in der Tiefe berührt wird.

Daher gilt dem Aufbau von tragfähigen und vertrauensgestützten Beziehungen zwischen Coach und Betroffenem die größte Aufmerksamkeit in der Begleitung von Menschen. Und so wird professionelles Coaching heute kaum noch als „Reparaturannahme von Problemfällen" gehandhabt. Es wird vielmehr gesehen und genutzt als ein ganzheitlicher Ansatz, um beim Menschen Erkenntnisprozesse bezüglich ihrer eigenen Potenziale und Stärken anzustoßen sowie diese Potentiale in gestalterischer Hinsicht für die Schaffung einer wünschenswerten eigenen Zukunft nutzbar zu machen.

Und gerade diese Eigenschaften der professionellen Beratung und Coaching machen sie zu einem prädestinierten Tool für eine erweiterte Interventionsform zur Konfliktlösung mittels Mediation.

Als Aufnahme von professioneller Beratung und Coaching in das Curriculum der Mediationsausbildung empfehlen sich daher speziell die folgenden Anteile:

- Ansatzpunkte und Handlungsgrundlagen von Beratung und Coaching
- Erfolgsfaktoren für Beratung und Coaching
- Wirkfaktoren für eine erfolgreiche Beratung
- Beziehungsaufbau und Beziehungsgestaltung in helfenden Berufen

Ferner

- Grundannahmen der Lösungsfokussierung
- Bausteine einer lösungsorientierten Gesprächsstrategie
- Wertentwicklung und Wertverletzung in Beziehungen
- Wertesysteme und Identität im Kontext von mediatorischer Konfliktbearbeitung

4.4 Lernschritt C: Fragestrategien als Mittel der Gesprächsführung

Im Bereich der Gesprächsführung wird immer wieder darauf hingewiesen, welch wichtige Rolle neben aktivem Zuhören, Zusammenfassen, etc gerade auch Fragestellungen spielen. Doch dem Verfasser ist kein Ausbildungsplan für Mediatoren in Deutschland bekannt, welcher dem Komplex von Fragestrategien, Zuhören/Verstehen, Auswertung und Folgefrageentwicklung besondere Aufmerksamkeit widmen würde.

Um die besondere Bedeutung von Fragen angemessen zu erfassen, sollte man sich bewusst machen, dass Konfliktbetroffene vielfach am gegenwärtigen Punkt ihrer Beziehung angekommen sind, weil ihre Kommunikation im Verlauf und der Entwicklung ihrer Beziehung Schaden genommen hat oder völlig auf der Strecke geblieben ist.

Die Ursache hierfür ist mit Sicherheit u. a., dass sie einander nicht oder nicht in angemessener Form Fragen zum Werdegang und der Qualität ihrer Beziehung gestellt haben, z. T. in Unkenntnis darüber, teils aber auch aus Scheu oder Scham.

An die Stelle von notwendigen Fragen treten denn auch Vermutungen, Annahmen, Unterstellungen und dergl. Mit anderen Worten Ersatzstücke, die Erklärungen liefern sollen, die aber aus dem eigenen persönlichen Wahrnehmungsbereich des Anwenders stammen anstatt das Resultat von allseitigen Informationsaustausch zu sein.

Derartige Verfahrensweisen sind bestenfalls geeignet, sich aus ihren jeweils eigenen Beobachtungen von Situationen und Verhalten eigene Erklärungen und Deutungen zu basteln, welche etwas plausibel machen sollen, was durch einfache Fragen die erwünschten und notwendigen Informationen liefern würde.

Überdies ist in Mediationssitzungen selbst zu beobachten, dass auch die dort herrschende geschützte Atmosphäre die Betroffenen nur höchst selten dazu bringt, Fragen aneinander zu richten, denn zu groß ist die Gefahr, eine Frage des Gegenüber als Angriff oder Herausforderung interpretiert zu sehen, gegen die es gilt Front zu machen und Position zu beziehen.

Wenn es tatsächlich dazu kommt, dass die Betroffenen Fragen stellen, so richten sich diese fast ausschließlich an die Mediatoren.

Hier wird der Mediator automatisch zur Führungsperson, von welcher sie Antworten auf ihre durchaus vorhandenen Fragen erwarten zusammen mit Lösungsvorschlägen und Gestaltungsideen, auf die sie selbst eher nicht kämen.

An dieser Stelle umfaßt die Neutralität der Führungsperson gerade auch den Bereich, wo sie selbst aus ihrem eigenen Problem – und ihrem Konfliktverständnis stammende Statements liefert, was jedoch nicht in ihren ursprünglichen Aufgabenbereich fällt.

Der Mediator ist zunächst gehalten, die ihm indirekt angetragene Führungsposition zu belegen, was auch beinhaltet, dass er die Rolle annimmt und auskleidet. Und entsprechende Fragestrategien sind hierfür ein äußerst wirksames Instrument (vergl. M. Marquardt 2014).

4.4.1 Management und Führung von Klienten mittels Fragen

a) Der Aufbau von ermutigenden Beziehungen:

Der bekannte Satz aus zahlreichen Leadership – Seminaren gilt auch an dieser Stelle: „Anweisungen zu erteilen schafft Widerstand, Fragen zu stellen, schafft Beziehungen.“
Wertebezogene Fragen schaffen eine persönliche Nähe zu den Klienten, wie sie sonst entweder nicht oder bestenfalls mit einem erheblichen Mehraufwand zustande kommt.
Eine so geschaffene Nähe gestattet dem Klienten ihrerseits eine Öffnung hin zu größerer Lernbereitschaft bezüglich ihrer Situation sowie dem Weg aus dem Konflikt und hin zu einer besseren Zukunft.
Fragen schaffen hier einen Kontext von Coaching innerhalb von eins – zu – eins – Verhältnissen, die vom Ergebnis her allseitige Zugewinne zeitigen. Sie ermutigen nicht nur zu Entscheidungen, sondern senken für die Betroffenen auch die Schwelle zur Annahme und Vollzug innovativer Schritte in Richtung Lösungsfindung. Sie bereiten anstehende Planungsüberlegungen und Zielsetzung vor. Und nicht zuletzt vermögen Fragen wie kein anderes Instrument ihrerseits Gegenfragen und Rückfragen durch die Betroffenen selbst zu stimulieren.

b) Problemlösung mittels Fragen
Schritte zur Problemlösung sind für die Betroffenen inmitten von emotionalem Streß und Orientierungsmangel oft nur schwer auszumachen.
Eine solche Situation verführt denn auch die Klienten dazu, vorschnell auf (vermeintliche) Lösungen aufzuspringen, die evt. ein Mehr an Tiefgang in der Analyse gebraucht hätten, nur um dem emotionalen Druck auszuweichen.
Probleme können hierbei technischer, sozialer, adaptiver und sonstiger Natur sein, sie brauchen jedoch insgesamt ein Navigationssystem zur Beibehaltung des eingeschlagenen Kurses, wie Fragen dies vermögen. Denn jegliche Problemlösung hat ihren Ausgangspunkt in einem profunden Verständnis bezüglich der Problembeschaffenheit.
Niemand kennt die herrschende Problem – und Konfliktlage jedoch besser als die Betroffenen, die sie möglichst rasch hinter sich lassen wollen. Entsprechende Fragestrategien sind hier das best geeignete Instrumentarium zur Problemüberwindung.

c) Transformationsschritte mittels Fragen
Sie werden in dem Maß erstrebenswert, wie sie durch Fragen bezüglich Perspektive, Validität der getroffenen Entscheidungen und Entwicklungspotenzial stimuliert werden. Speziell der Schritt vom Wissen (Festlegung) zum Tun (Unsicherheit) kann nicht durch Anordnung herbeigeführt werden. Ermutigung dazu wie auch eine zugrunde liegende Coachingbeziehung schaffen für die Betroffenen

hier ein Gefühl von Selbstvertrauen und positivem Ausgang als Voraussetzung für diesen Schritt.
Auch die Tatsache, dass mittels Fragen die drei früher genannten Anteile von Rationalität, Emotionalität und Identität besser zugänglich sind als durch jede andere Methode, schafft bei den Betroffenen Mut und Zuversicht, denn sie spüren die Notwendigkeit zur Veränderung auf allen diesen Seinsebenen gleichermaßen.
Fragen schaffen dabei die Möglichkeit zur Feinabstimmung der anfallenden Schritte, indem sie den Betroffenen mögliche Konsequenzen ihrer Entscheidungen vor Augen führen, ohne ihnen deshalb die eigene Verantwortung für die Transformationsarbeit abzunehmen.

Summarisch kann festgehalten werden, dass die Frage die Antwort an sich darstellt, was anhand von div. Wirkungen, die von Fragen ausgehen, greifbar gemacht werden kann (vergl. D. Leeds 2000):

- Fragen fordern Antworten
- Fragen stimulieren Denk – und Überlegungsprozesse
- Fragen liefern notwendige Informationen
- Fragen gestatten Menschen eine innere Öffnung
- Fragen erfordern ein genaueres Zuhören
- Fragen führen Menschen zu Selbstvertrauen und Selbstüberzeugung

Die curriculare Anreicherung einer Mediationsausbildung kann hierbei u. a. auf folgende inhaltliche Ziele zurückgreifen:

- Die Bedeutung von Fragen als Strategie der Gesprächsführung in Mediationsverfahren und ihre Anwendungsbreite
- Die Entwicklung von zielführenden Fragestrategien und Fragetechniken
- Führungsaufgaben und Führungsqualitäten
- Systemische Grundhaltung des Fragenden
- Von der Fragestrategie zur Fragekompetenz

Die hier aufgeführten Aspekte konnten womöglich verdeutlichen, daß das Phänomen „Fragen" im Arsenal der mediatorischen Gesprächsführung das wichtigste und umfassendste Instrument darstellt und von daher in der Mediationsausbildung deutlich mehr Aufmerksamkeit und Berücksichtigung verdient als dies bisher der Fall ist.

4.5 Lernschritt D: Aspekte individueller Zukunftsgestaltung

Bekannterweise ist nicht die Scheidung der Aufbruch in einen neuen Lebensabschnitt, sondern die Zukunftsplanung der Betroffenen für die Zeit im Anschluß.

Ungewiß ist häufig die Entwicklungsrichtung wie auch deren notwendige Zeitspanne, auf die sich die Gestaltung beziehen soll. Nicht selten ist zu beobachten, dass Scheidungsbetroffene bereits nach relativ kurzer Zeit wieder Beziehungen eingehen mit Partnern, deren Persönlichkeitsmerkmale z. T. auffällig denen ähneln, die der/die Ex aufgewiesen hat.

Darüber entsteht der Verdacht,dass es ihnen evt. eher um die Fortsetzung der gewohnten Beziehung von einst mit neuer Besetzung zu gehen scheint.

Hierüber verliert eine anstehende Zukunftsgestaltung ihren Wert, sobald von ihr angesichts einer neuen Partnerschaft nicht mehr der hohe emotionale Druck einer Neuausrichtung ausgeht.

Eine proaktive Lebensgestaltung hat in solchen Fällen ihren Ausgangspunkt u. a. darin, die eigene Zukunft überhaupt als Aufgabe wahrzunehmen und anzunehmen.

Und es ist auch viel, was ggfs. neu zu bewerkstelligen ist: so z. B. die Rückkehr in ein Arbeitsverhältnis, die Neuordnung der Kinderbetreuung, des Wohnens, der Finanzplanung, der Schuldenregulierung, etc.

Keine noch so kooperativ zustande gekommene Lösungsfindung im Rahmen des Mediationsverfahrens entschärft diese Aufgaben in ihrer Planung und Umsetzung.

Und so ist die anstehende Zukunftsgestaltung für viele Betroffene z. T. hochgradig angstbesetzt. Doch die empfundene Angst ist bei genauerer Betrachtung eine Angst vor der Gegenwart und ihrer unüberwindlich scheinenden Hindernisse wie „Zukunft zu ermöglichen, Lebensräume zu gestalten und die dafür notwendigen Bedingungen zu schaffen“. So entfaltet sich der Betreuungsbedarf für die Betroffenen quasi im Anschluß an deren Scheidung und macht die Mediatoren zu primären Ansprechpartnern für die anstehende Reststrecke.

Nicht die Frage „was habe ich versäumt“? steht zur Beantwortung an, sondern die Überlegung, wie mit der „Entstehung des Neuen“ und dem Umgang mit Zukunft zu verfahren sei. Der Aufbruch in einen neuen Lebensabschnitt verlangt dem, der ihn leistet, neues Denken und Lernen ab und die Frage, welche innere Haltung er diesem Aufbruch zugrunde legt.

Wenn Angst diese Haltung emotional dominiert, so ist sie zwangsläufig Gegenstand der Betreuungsarbeit. Aber nicht mit dem Ziel, Angst zu unterdrücken, ihr zu entfliehen oder sie zu verbannen, sondern die nutzbringenden Anteile in ihr zu identifizieren und verwertbar zu machen (vergl. M. Ritsch 2006, S. 100).

Diese nutzbringenden Anteile sollen in der Folge sämtliche Themen durchdringen, die für eine erfolgreiche Zukunftsgestaltung anfallen.

Der Konflikt von einst zwischen den ehemaligen Lebenspartnern hat sich zum Konflikt im eigenen Ich entwickelt und findet u. a. in den Bereichen Selbstwert, Lebensmut, Loslassen, Aneignen, etc seinen Ausdruck (vergl. Ritsch 2006, S. 104).

Die Gestaltung von Zukunft kann real nur in der Gegenwart stattfinden, denn nur diese Ebene ist zur Gestaltung real vorhanden. Wer sich dazu aufmacht, muß letztendlich nur den Umgang mit den folgenden drei Fragen leisten:

1. Welche Zukunft möchte ich hervorbringen?
2. Was will ich genau (alles) hervorbringen?
3. Welches Leben möchte ich führen?

So einfach diese Fragen formuliert sind, so schwierig gestaltet sich oftmals ihre Beantwortung. Sie beinhaltet die Dimension des Willens, der Entscheidung und der Verantwortung für das eigene Handeln.

An dieser Stelle ist eine Weichenstellung nötig, die die Richtung für die Beantwortung einer weiteren Frage bestimmt: „will ich einen Konflikt lösen oder will ich etwas Neues erschaffen?"

Konflikte zu lösen ist wichtig, aber die dahinter liegende Motivation ist etwas, was wir nicht mehr wollen, nämlich den Konflikt oder das Problem.

In diesem Fall wollen wir nicht etwas erschaffen, sondern etwas abschaffen. Dies hat nichts mit einem kreativen Gestaltungsanspruch zu tun, sondern mit einem Vermeidungsanspruch.

Aus diesem Ansatz heraus ergibt sich für eine empfohlene Curriculumsergänzung in der Mediationsausbildung primär die Aufgabe, den Betroffenen auf die Unterscheidung zwischen Vermeidung und Kreativität hinzuführen.

Konfliktbewältigung und Zukunftsgestaltung haben inhaltlich nicht zwingend miteinander zu tun, sind aber durch die mediatorische Vorgehensweise in ihrem Ablauf miteinander verknüpft.

Die größte Hilfe für die Betroffenen kann daher in der Fähigkeit der Mediatoren bestehen, diese Trennlinie in all ihren Erscheinungsformen konstant zu verdeutlichen und darauf hinzuwirken, dass für die Bearbeitung beider Anteile ein jeweils anderes Bewusstsein vonnöten ist.

Die wesentlichen Lernschritte innerhalb des Curriculums in puncto Zukunftsgestaltung ergeben sich aus der Gegenüberstellung zweier Aspekte und ihrer Verbindung:

Aspekt 1 lautet: wer bin ich?
Aspekt 2 lautet: wer will ich sein?

Die Lernanteile nehmen hierbei auf die folgenden Bausteine Bezug:

- Klarheit
- Motive
- Werte
- Stärken/Potenziale
- Einstellungen
- Orientierung
- Herausforderungen annehmen
- Mit Kritik konstruktiv umgehen
- Misserfolge überstehen
  (vergl Krelhaus 2004/2006)

4.6 Lernschritt E: Aspekte praktischer Umsetzung

Mit dem ergangenen Urteilsspruch des Familiengerichts haben sich die Vereinbarungen der Betroffenen realisiert. Auch ihre eingeleitete Zukunftsgestaltung nimmt Form an und schafft innere Freiräume.

Doch die erhoffte Zuversicht bezüglich des Auftauchens eines „Silberstreifs am Horizont" will sich bei sehr vielen (noch) nicht einstellen. Sie stecken nämlich u. U. in der „Umsetzungslücke" fest
(vergl. S. Covey 2014, S. 10).

1. Die Betroffenen kennen das Ziel nicht genau genug
2. Sie wissen nicht, was sie tun müssen, um das Ziel zu erreichen
3. Sie wissen nicht, wo sie gerade auf dem Weg zum Ziel stehen
4. Sie fühlen sich zudem auch nicht für das Erreichen des Ziels verantwortlich

Denkbare Ursachen für diese Problematik ist die Existenz zweier einander widerstrebender Kräfte. Auf der einen Seite steht die Energie, die die Betroffenen für die (Neu-) Organisation ihrer Lebensbelange täglich von Neuem aufwenden müssen. Auf der anderen Seite steht der Energieaufwand, der regelmäßig mobilisiert werden muß, um die gesetzten Ziele auch tatsächlich zu erreichen.

Der hieraus resultierende Alltagsdruck umfaßt alles, was zur Aufrechterhaltung dieses Alltags notwendig ist. Er besteht aus zahlreichen dringenden Aufgaben und Verpflichtungen, die sofortige Aufmerksamkeit erfordern.

Die getroffene Zielsetzung betrifft häufig Dinge, die extrem wichtig sind, aber nicht dringend. Und im Alltagserleben der allermeisten Betroffenen sticht das Dringliche das Wichtige fast immer aus.

Die betreuerische Unterstützung durch den Mediator hat hier zum Inhalt, nicht nur ein Ziel zu erreichen, sondern dieses Ziel inmitten der herrschenden Alltagsturbulenzen für die Betroffenen erreichbar zu machen.

Der Aspekt der Umsetzungshilfe für die Betroffenen muß daher für den Ausbildungsplan der Mediatoren die folgenden vier wesentlichen Punkte aufweisen:

1. Die Fokussierung auf das absolut Notwendige
   - genaue Zieldefinition leisten
   - Zielprioritäten festlegen
   - Fortschritte und Ergebnisse messbar machen
2. Die Bearbeitung von Frühindikatoren für Erfolg
   - Identifikation möglicher Hindernisse
   - Überwindungsstrategien
   - Ressourcenerkennung und –Aktivierung
   - Festlegung einer Schrittabfolge für Teilziele
3. Kontinuierliche Messbarkeit
   - Festlegung von Verbindlichkeitskriterien
   - Meßphasen einrichten
4. Regelbarkeit von Verantwortung und Verbindlichkeit
   - Berichtspflichten schaffen
   - Berichts – und Fortschrittsintervalle festlegen

Das Thema „Umsetzung" markiert damit den (vorläufigen) Schlusspunkt im praktischen Arbeitsumfang einer Mediation für Paare und Familien mit einer erweiterten Aufgabenstellung der Akteure und ihrer curricularen Entsprechung.

Was Sie in diesem *essential* mitnehmen können

- Besonders im Kontext von Trennungen und Scheidungen spielen die subjektiven Bedürfnisse der Betroffenen eine zentrale Rolle
- Die eigenen Bedürfnisse genau zu erkennen und später zum Gegenstand eines Einigungsgesprächs zu machen, gelingt jedoch in dem Maß wie den Betroffenen die Chance eingeräumt wird, sich hierüber in einem geschützten Dialog mit dem Mediator Klarheit zu verschaffen und sie später angemessen zu artikulieren.
- Ein direkter Vergleich zwischen einem traditionellen Dreiergespräch und dem Dialog zwischen Mediator und den jeweiligen Betroffenen unterstreicht erfahrungsgemäß die Gleichwertigkeit beider Vorgehensweisen, wenn nicht gar eine tendenzielle Überlegenheit von gecoachten Zweiergesprächen.
- Dies macht es für die Mediatoren ggfs. notwendig, sich mit Hilfe von Weiterbildungsmaßnahmen über Prinzipien des Coachings Klarheit zu verschaffen und in Form eines erweiterten Geschäftsangebots an die Betroffenen heranzutragen.
- Damit eröffnet sich gleichzeitig ein erweitertes Geschäftsfeld, indem Einzelcoaching angeboten werden kann während einer evt. Latenzphase der Entscheidungsfindung für die Wahl des geeigneten Verfahrens wie auch nach Verfahrensabschluß, wenn die Betroffenen darin unterstützt werden sollen, bestmöglich mit den Konsequenzen ihrer getroffenen Entscheidungen zukünftig zurecht zu kommen.

T. Spörer, *Mediation durch Einzelcoaching für Paare und Familien*, essentials, https://doi.org/10.1007/978-3-658-33391-1

Schlusswort: Einsichten und Aussichten

Der in der Literatur immer wieder gemachte Hinweis, daß Mediation mittlerweile aus dem Arsenal der Konfliktbearbeitungsmethoden nicht mehr wegzudenken sei, mag sicherlich zutreffen.

Gleichwohl ist es in den letzten Jahren merkwürdig ruhig geworden um die Mediation. Wahrscheinlich ist, dass eine erhebliche Zahl von (potenziellen) Anwendern sich in verschiedenerlei Weise mehr von dieser Methode und ihrem Werdegang in Deutschland versprochen hat.

Die Verantwortung hierfür liegt jedoch sicherlich nicht beim Endverbraucher, sondern allein bei den Anbietern. Für sie gilt indes der alte Grundsatz: „use it or loose it". Dies vor dem Hintergrund der Tatsache, daß unserem Planeten die Konflikte in nächster Zeit nicht auszugehen drohen.

Seit dem enthusiastischen Aufbruch zu neuen Ufern in der Konfliktbearbeitung mittels Mediation gegen Anfang der 80er Jahre des letzten Jahrhunderts scheint mittlerweile nicht nur die Angebotsbereitschaft nachgelassen zu haben, sondern es hat auch keine erkennbaren und hervorstechenden kohärenten Bemühungen bezüglich der Weiterentwicklung dieser Disziplin gegeben.

Auf diesen Umstand aufmerksam zu machen und gleichzeitig Vorschläge für eine denkbare Weiterentwicklung von Mediation zu unterbreiten war und ist das Anliegen des Verfassers.

Als historische Entsprechung für diesen Zustand kann die Kommunikationstechnologie der 80er Jahre des letzten Jahrhunderts gelten. Hätte es damals aus welchen Gründen auch immer einen vergleichbaren Stillstand in der Entwicklung dieses Feldes gegeben, wäre die Welt z. B. bis heute ohne das Internet.

Doch es gibt das Internet. Und die massenhafte Verbreitung dieser Technologie und ihr tiefes gesellschaftliches Durchdringungspotenzial wirken für eine Weiterentwicklung eher als innovativer Brandbeschleuniger denn als technologisches Ruhekissen.

Anders bei der Mediation. Dort läßt sich die Masse der Angebote in ihrer Gestaltung und Bauart kaum von der aus den Anfängen der 80er Jahre unterscheiden.

Konflikte in einem erweiterten Kontext zu sehen und für seine Beilegung einen erweiterten Aufgabenbereich für sich zu identifizieren und zu übernehmen, bewegt sich zumindest in die Richtung einer denkbaren Weiterentwicklung.

Neuer Schwung tut Not in der Mediation – aufgabentechnisch wie arbeitstechnisch und dementsprechend ausbildungstechnisch.

Wer auch immer in diesem Feld (wieder) tätig werden oder bleiben will, muß sich gleichermaßen als Teilnehmer einer Idee wie auch deren praktischer Umsetzung sehen und nicht als Zuschauer auf der Besuchertribüne.

Dort haben es sich leider schon zu viele bequem gemacht, obwohl ihnen das Ticket dorthin recht kostspielig vorgekommen sein muß, wie ihre Ausbildungskosten zum Mediator dies vermuten lassen.

Doch angesichts weltweiter gesellschaftlicher Entwicklungen, die eher beunruhigen und Anlaß zur Sorge geben, muß die Frage lauten, ob wir uns als Gesellschaftsmitglieder es leisten sollen und können, unser wertvolles Fachwissen zur Konfliktbeilegung ungenutzt und quasi als Episode in unserer Biographie verstreichen zu lassen.

Ich meine, wir alle können es besser und haben auch Besseres verdient.

Literatur

J. Baum: „Keine Angst vor Morgen“ – Strategien für den Umgang mit Zukunftsängsten (München 2004)
K. Berg: „Student's Corner“ (pdf – Datei, 27.1.2017)
M. Brohm: „Werte, Sinn und Tugenden als Steuergrößen in Organisationen“ (Wiesbaden 2017)
S. Covey. „Die sieben Wege zur Effektivität“ (München 1989)
S. Covey. „Umsetzung – Essentials für die Unterehmensführung“ (Offenbach 2014)
R.B. Dilts/T. Hallbaum/S. Smith: „Identität, Glaubenssystem und Gesundheit“ (Paderborn1991)
R. Fisher/W. Ury/B. Patton. „Das Harvard Konzept“ (New York 2000)
R. Fisher/D. Shapiro: „Beyond Reason“ – using emotions as you negotiate (New York 2005)
R. Fisher/D. Estel. „Getting ready to negotiate“ (New York 1995)
J. Folger/T.S. Jones. „New Directions in Mediation“ (San Fransisco, 1994)
C. Funke. „Gerechtigkeit“ (Wiesbaden, 2017)
R.J. Gerrik/P.G. Zimbardo: „Psychologie“ (München 2008)
F. Haft/K. Schlieffen: „Handbuch Mediation“ – Verfahrenstechniken, Strategien, Einsatzgebiete (München 2002)
S. Hagen: „Unter vier Augen, bitte“ (Norderstedt 2004)
J.M. Haynes: „Scheidung ohne Verlierer“ – ein neues Verfahren, sich einvernehmlich zu trennen (München 1993)
H. Heckhausen: „Motivation und Handeln“ (Berlin 1983)
M. Heigl: „Konflikte verstehen und steuern“ (Wiesbaden 2014)
C. Hornburg/H. Krohmer. „Marketingmanagement und Strategie“, 3. Aufl. (Wiesbaden 2009)
U. Holzkamp: „Grundlagen der psychologischen Motivationsforschung“ (Frankfurt 1976)
I. Illich u. a.: „Entmündigung durch Experten“ – zur Kritik der Dienstleistungsberufe (Hamburg 1983)
M. Kosfeld/M. Heinrichs: „Oxitocin Increases Trust in Humans“ aus „Nature“ 435, S. 673–676 (2006)
L. Krelhaus: „Wer bin ich – wer will ich sein?“ (Heidelberg 2004)
D. Leeds: „The seven Powers of Questions“ (New York 2000)
B. Leu: „Angst, Verlust, und die Frage nach dem Sinn“ (Wiesbaden 2019)
M, Loebbert: „Coaching in der Beratung“ (Wiesbaden 2018)

T. Spörer, *Mediation durch Einzelcoaching für Paare und Familien*, essentials, https://doi.org/10.1007/978-3-658-33391-1

N. Luhmann: „Soziale Systeme“ (Frankfurt 1987)
H.G. Mähler/G. Mähler/J.D.v Werdt: „Faire Scheidung durch Mediation“ – ein neuer Weg bei Trennung und Scheidung (München 1994)
M. Marquardt: „Leading with Questions“ (San Fransisco 2014)
M. Mary: „Lebe Deine Träume“ (Bergisch Gladbach 2006)
A. Maslow: „Motivation und Persönlichkeit“ (Reinbeck 2014)
Mediationsgesetz (Bundesministerium der Justiz und für Verbraucherschutz, Berlin, 21,7,2012
J. Middendorf: „Lösungsorientiertes Coaching“ – Kurzzeitcoaching für die Praxis (Wiesbaden 2018)
J. Mikutta/T. Weigl: „Motivierende Gesprächsführung“ (Wiesbaden 2019)
C. Mondl/K. Sohm (Hrsg): „Aufgabe Zukunft“ (Zürich, 2006)
C. Moore: „The Mediation Process“ – practical strategies for resolving conflict (San Fransisco 2006)
J. Moskaliuk: „Leistungsblockaden verstehen und verändern“ (Wiesbaden 2016)
D. Ohnesorge/R.E. Fritz: „Wertorientierung und Sinnentfaltung im Coaching“ (Wiesbaden 2014)
J. Rodloff: „Der Königsweg zur fairen Konfliktlösung“ (Stuttgart 2010)
K. v Scheumann/T. Böttcher: „Coaching als Führungsstil“ (Wiesbaden 2016)
W. Schmidbauer: „Die Angst vor Nähe“, (Hamburg 1985)
D. Shapiro: „Negotiating the Nonnegotiable“ – how to resolve your most emotionally charged conflicts (New York 2017)
S. Shazer: „Der Dreh – überraschende Wendungen und Lösungen in der Kurzzeittherapie“ (Heidelberg 2004)
C. Strecker: „Versöhnliche Scheidung“ – Recht und Rat für eine Trennung ohne Streit (Weinheim 1996)
G. Subramanian (Hrsg): „When a crisis reaches the breaking Point“ in Negotiating Letter,9, 2008
C. Thomann/F. Schulz v Thun: „Klärungshilfe“ Teorien, Methoden, Beispiele (Hamburg 1995)
P. Zak/R. Coulter: „Oxitocin is asssociated with human trustworthyness“ aus: Hormones and Behaviour 48 (2005)

Printed in the United States
by Baker & Taylor Publisher Services